離宮八幡宮

嵯峨天皇の離宮があったところから名付けられた神社で、中世には「油座」の拠点となった。道三伝承の地でもある。

（京都府大山崎町）

妙覺寺（日蓮宗 本山）

現在は上京区にあるが、道三の父が修行したという当時は中京区にあった。

（京都市）

常在寺

斎藤氏の菩提寺。道三の父の妙覚寺修行時代の兄弟弟子南陽房が住職となっていた寺。

（岐阜市）

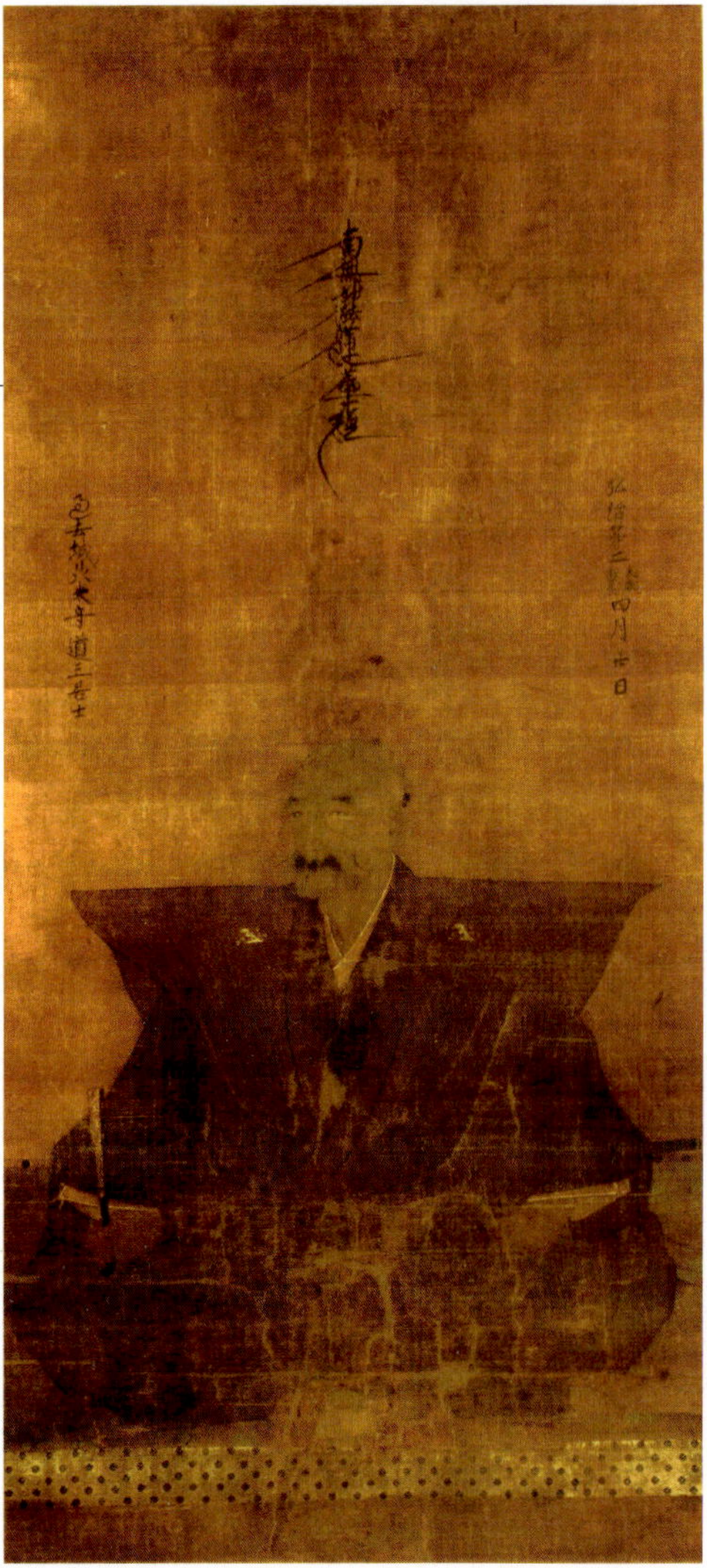

斎藤道三像

寺伝では道三没後まもなく、道三の娘が寄進したとされている。

（常在寺所蔵）

長良公園周辺

土岐頼芸の居館、枝広館は、この辺りにあったという。　（岐阜市）

革手城南門跡

土岐氏の居館、革（川）手城の南門跡、水路は壕の跡といわれている。（岐阜市）

革手城跡の石碑

済美高等学校グラウンド隅にある。ここは正法寺だった所で、実際の革（川）手城は、正法寺の南側にあった。（岐阜市）

安国寺より稲葉山(金華山)を望む

安国寺には、この寺に住む白雲が毎夜、稲葉山城下の井ノ口(岐阜)に行き「千人斬り」したという伝承がある。(岐阜県池田町)

軽海西城跡

道三の居城だったという城で、のち一柳氏の居城となった。遺構がみられる城跡は円長寺と竹藪などになっている。　(岐阜県本巣市)

席田用水

斎藤道三ゆかりの用水。真桑の名主たちに、この用水に関する書状を与えている。(岐阜県本巣市)

美江寺

道三が、美江寺(瑞穂市)から井ノ口に移転し城下の守りとしたという。

(岐阜市)

崇福寺

織田家菩提寺。信長、信忠親子の位牌が安置されている。

(岐阜市)

斎藤義龍像

斎藤道三の子。土岐頼芸の子という伝承もある。

（常在寺所蔵）

土岐頼純像

土岐頼芸の兄の子。道三に殺害された。

（南泉寺所蔵）

南泉寺

土岐氏ゆかりの寺。この辺りに「南の第」と呼ばれた土岐氏館があった。（岐阜県山県市）

揖斐川より揖斐城跡を望む

土岐頼芸の居城の時もあった揖斐城は、西濃における土岐氏の拠点だった。（岐阜県揖斐川町）

土岐頼芸の墓

法雲寺の門の傍らにある。かつて墓は付近の山中にあった。（岐阜県揖斐川町）

疋田より刀根坂方面を見る

天正元（1573）年の刀根坂の戦いの折、朝倉方にいた斎藤龍興は疋田で戦死したという。

（福井県敦賀市）

道三塚

街中にひっそりとある斎藤道三をまつる道三塚。かつては竹薮だったという。

（岐阜市）

金華山

かつては稲葉山と呼ばれた。美濃の守護代斎藤氏が山頂に築いた城は、のちに道三、信長と主を替えた。

（岐阜市）

国盗り道三

岐阜新聞社

目次

序章　土岐氏の家督争い

美濃の戦国前夜

正法寺町かいわいで

岐阜市の南部、正法寺町から薬師町にかけてせせこましい都市化現象が目立ってくる。区画整理で真っすぐになった道路。行儀よく並ぶ住宅。ひと昔前まで気ままな方向へ流れていた小川も、姿を消した。田んぼや畑は、いつの間にか家並みの片隅に押しやられた。この辺りはかつて美濃守護土岐政頼（頼武）の居城、革（川）手城があったところである。司馬遼太郎の『国盗り物語』は道三、信長、光秀の三人を縦糸にし、歴史上の人物、架空の人物など数多くの人びとを横糸として織り上げた歴史小説である。そして、重要な役割を果たす最初の横糸の一人として登場するのが、土岐政頼なのである。

政頼は、やがて美濃に姿を現した道三から土岐家の当主の地位、すなわち守護のポストから引きずり下ろされることになる。こうさせたのは、道三の打った芝居に、政頼の弟、頼芸がうまく乗せられたためといわれている。たしかに『美濃明細記』の政頼の系図に「道

三、奸佞《かんねい》にして勇気あり。遂に害謀をなさんとす」と記しているが、政頼失脚の裏には道三のせいばかりでなく、やはりそうなるのも当然といった社会的な背景があったのではなかろうか。

激しかった家督争い

「土岐政頼という武将を知っている？」

岐阜市正法寺町にある済美女子高校（現済美高等学校）で、十人ほどの生徒に聞いてみた。

「知らない」

「どんな人なの？」

「道三なら知ってる」

はね返ってくる答えは、こんな内容のものばかりであった。政頼は、生徒たちの歴史知識から、完全に忘れ去られた存在になっていた。

済美女子高校の構内に、モチの木などが自生する小さな森がある。生徒たちが「シオンの森」と呼ぶ森である。「シオンの森」とはエルサレム近くの丘の名前である。校庭よりやや小高くなっており「史蹟川手城跡」と記した石柱が建っていた。昭和二十八（一九五三）年に稲葉郡厚見村の教育委員会が立てたものである。一般に革手城のあったところとされている場所であるが、異論もある。このことは、別の機会に紹介するが、とにかくこの辺りは府城とも呼ばれ、室町時代に、美濃の中心となったところで、一時期には、尾張、伊勢を含む広域圏の中心でもあった。

政頼が、府城の主人公としての地位にあったのは、短い期間だったらしい。『美濃明細記』の記事から計算すると、二十歳から二十八歳までの九年間に過ぎない。

この城に納まるまでの政頼は、この時代の宿命とでもいえる家督争いを経験しなければならなかった。織田信長なども、これで苦しい青年時代を送っている。土岐家の場合、特にこれが目立っていた。

政頼の祖父成頼、父政房のときも、やはり家督争いで土岐家が二つに分かれて血を流し合った。成頼は守護代斎藤妙椿に助けられ、応仁の乱（一四六七～一四七七年）の際、西軍の主力として参加した。このため土岐の家名を上げることができた。ところが政房の代になって起きた家督争いは、意外に根が深く、それまで充実してきた土岐軍団の戦力を、半減するほどのひどい争いになった。

歴史書では、船田の乱とか船田合戦と呼んでいる。船田とは、今の岐阜市加納舟田町辺りで、つまり薬師町とは荒田川を隔て西にある。ここに船田城と呼ぶ城があり、城主石丸氏と結んで元頼が、革手城にいる兄の政房にとって代わろうとして、兵を起こしたものだ。

それに守護代と小守護代との権力争いも加わり、尾張とか伊勢、近江、越前などの援軍も駆け付け、争いは大きくなった。結局、前後二回にわたる合戦で、元頼側は敗れ、政房は守護の地位を確保することができた。

三徳をそなえた武将

この戦いから三年後に、政頼が生まれた。彼は幼い時から、二歳下の弟、頼芸とともに船田の乱の模様を父や老臣たちから聞いたことであろう。

政頼十八歳のとき、おそれていたゴタゴタが発生した。「仁義正しき名将」とされている政房であったが、長男より二男がかわいかったらしい。政頼対政房・頼芸の間で戦いがあり、それに勝った政頼は父の跡を継いで新守護となった。

南泉寺（岐阜県山県市）

だが、翌年、再び戦いが起こり政頼は負け、いとこに当たる越前の朝倉義景を頼って逃げ出した。幸い室町幕府の圧力があったらしく、また政房も死んだため、元の古巣、革手城に戻ることができた。

とにかく、政頼にしてみれば血なまぐさいお家騒動を、青年時代にいやというほど体験している。このことがあって八年後、今度は道三のため、革手城から永久に追われる身になる。ただこの若き守護を盛り上げていた土岐、斎藤一族や、美濃の国人層たちの間には、家督争いに乗じて勢力を拡大しようとする小競り合いもあったろう。

山県郡高富町（山県市）大桑の南泉寺とい

う禅宗の古寺で、政頼は死んだと伝えられている。この寺にある政頼の像（現在は政頼の子頼純の像と考えられている）は三回忌に描かれたものである。その表情は、美濃の太守にふさわしい立派なもので、同寺の開山仁岫《じんしゅう》の讃が記されている。

「要するに仁愛を持って政治を行い、武勇に富んだ立派な人であったと、書いてあるんですよ……」とは土岐瑞邦住職の話。「これが政頼の人物を紹介した唯一のものですね」と私が言うと住職は「こんな記録もあります」と、『土岐七城記』と記した記録を出してこられた。それには政頼のことが「性質万人ニスグレ聡明《そうめい》、叡知《えいち》ニテ智仁勇ノ三徳ヲソナエタル勇将ナリ」と、あった。このような人物でも、道三の仕組んだ土岐家乗っ取りの罠《わな》から逃げ出すことができなかったのである。

第一章　道三、美濃へ

道三、十一歳で妙覚寺入り

全くない道三の伝承

日蓮宗、本山妙覚寺（京都市上京区）。斎藤道三が少年時代を過ごした寺である。世間での道三の評判は、実に悪い。「松永久秀か道三か」と、言われるくらい。いずれも主《あるじ》殺しなどを平気で行ったことや、成り上がり者としての共通点があったためである。しかし道三の場合は、だれが言い出したのか知らないが〝美濃のマムシ〟といったような表現さえある。

織田信長の家臣、太田牛一が書いた『信長公記』には「主をきり聟《むこ》を殺すは身のおわり昔は長田いまは山城」という落首が紹介されている。長田は愛知県野間の豪族、長田忠致で、主人の源義朝を暗殺した人物。山城は道三のこと。「身のおわり」は美濃、尾張をかける。近世初頭すでに道三の評価は定まっていたのである。江戸時代の中ごろ、日蓮宗の日潮上人の書いた『本化別頭仏祖統紀』といった書物にも「道三父子の暴悪世をもって之を伝う」

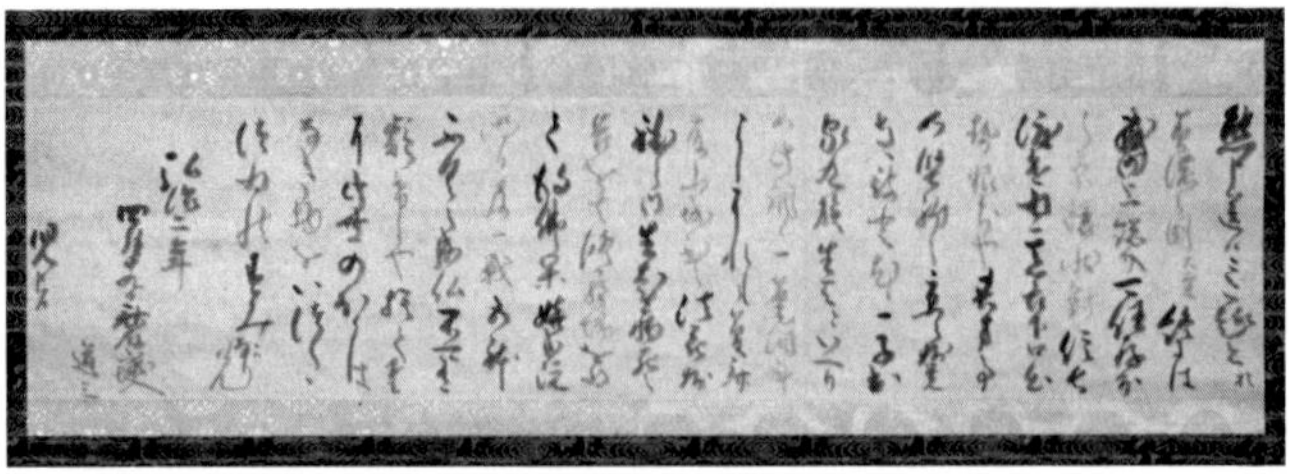

道三の遺言状（日蓮宗 本山 妙覺寺所蔵）

と記している。同じ宗門の出身者の著である。

とにかく世間の厳しい批判を浴びてきた道三である。それだけに妙覚寺が持つ道三像はどんなものであろうか。そんな興味が私の脳裏を横切った。

豪華な山門をくぐると、広い境内があった。正面に祖師堂、左手に本堂宝蔵、客殿、庫裡《くり》などの大きな建物が並ぶ。にぎわう観光寺院に比べ、静かな寺である。

「道三が、この寺にいたことを、私も近年知りました。寺は何度も焼けており、記録も寺伝もほとんど焼失しておりまして……。道三のことは、何も伝わっていません」

若い都守健二執事は語る。

貧しい家に生まれる

客殿のお内仏に、道三の遺言状がかけられてあった。弘治二（一五五六）年、道三が戦死する前日に、わが子へ与えたものといわれ、同寺に残る唯一の道三関係の資料である。『信長公記』によると道三は「山城国西岡の松波という者なり」と記す。また同じ筆者による『大かうさまくんきのうち』という書物には「松浪と申す一僕の者」とある。西岡は京都府乙訓郡向日町（向日市）、長岡町（長岡京市）辺り。「一僕の者」というからには、身分の低い家の出だったらしい。堂洞城（加茂郡富加町）の攻防戦を記した『堂洞軍記』は江戸中期の軍記物だが、それに道三は「都の貧しき笠張り」とされていることでも、裏付けられよう。

しかし江戸初期にできた『美濃国諸旧記』は北面の武士、松波基宗の子供で峯丸といい、優秀だったので立派な人物になるだろうと期待され、十一歳のとき妙覚寺入りしたと、書いている。北面の武士といえば、皇居の警固役で地位も高い。だが、当時は応仁の乱の後で、京の都は焼け野原となり、天皇でも十分な生活ができなかった。北面の武士ではとても食っていけず、基宗は西岡に移り、苦しい日々を送っていたのではなかろうか。

応仁の乱後、再興の早かったのは法華宗（日蓮宗）と一向宗（真宗）の寺であった。うち法華宗の寺には、京の町衆たちの支持があった。一向宗が来世の利益《りやく》を説くのに反し、法華宗は現世の利益を説き、それが町衆にうけたからだ。また妙覚寺の場合学問寺、つまり民衆の大学といった立場にあった。現世利益と学問寺の二つを結ぶとき、基宗が妙覚寺にわが子を入れた理由がわかるような気がする。

南陽房は兄弟子か

「道三が修行した当時の妙覚寺は、現在地でなく、中京区の衣棚通付近にありました」都守執事は語る。いまでも、その辺りに上妙覚寺町、下妙覚寺町の町名が残っている。

峯丸が、その衣棚通付近の妙覚寺に入ったのは、いつか。それには二説ある。『美濃国諸旧記』によると、永正元（一五〇四）年に道三が生まれたとあり、それから同十一年入寺説が出ている。しかし明応三（一四九四）年誕生の通説で考えたほうが納得しやすい。それでいくと、永正元年入寺説となる。

峯丸は法蓮房と改め、仏に仕えながら学問の道に精出すことになる。仏書はもちろん儒書まで勉強したそうだが、当時の法華宗は反体制的な立場にあり、常に天台宗や一向宗と対立していた。そのため寺は堅固な塀《へい》や深い堀を設け、城のような構えを持っていた。だから、信長や信忠が上洛すると本能寺や妙覚寺など法華の寺々を宿泊所にしたわけである。このような立場の寺だけに、僧兵としての武術修行も大切な課目であった。法蓮房としては、この方面の修行が、美濃進出の際、大いに役立った。

常在寺（岐阜市）

ここで法蓮房に、弟弟子《おとうと》ができた。南陽房といい、二歳年下だった。美濃の豪族、長井家の出。南陽房はやがて郷里に帰り、常在寺（岐阜市梶川町）の住職となり、道三はこの人を頼って美濃へ下ることになる。

ところが、南陽房は道三の

兄弟子で年齢も十歳ほど上だった形跡がある。『美濃明細記』には斎藤利藤の末っ子、毘沙童が、道三の相弟子で、常在寺住職、日運上人であるむね紹介されているからである。毘沙童は船田合戦（明応五年）のとき十三歳。殺されるところを年少ということで助けられた人物である。すると、このあと、すぐ妙覚寺に入り南陽房になったと推定できる。

法蓮房は、この兄弟子にかばわれながら、多感な少年時代をこの寺で過ごしたのではなかろうか。

油売り道三

若き日の根拠地、山崎

京都府乙訓郡大山崎町。豊臣秀吉がこの辺りで明智光秀と戦い、主君、織田信長の仇《かたき》を取った、山崎の戦いの場所である。

この付近から北にかけての一帯が、西岡と呼ばれ、斎藤道三の生まれ故郷だといわれているところ。また、大志を胸に秘め、油売りをして歩いたという道三の若き時代、根拠地

離宮八幡宮（京都府大山崎町）

となった場所が、この大山崎である。

離宮八幡が専売権を

京都・妙覚寺で修行をしていた道三法蓮房が還俗《げんぞく》し、松波庄九郎と名乗る。京の油商人、奈良屋に雇われ、灯油の原料荏胡麻《えごま》の買い付けや、灯油の売りさばきなどで成績を上げる。やがて一人娘の「お万阿」に見染められ奈良屋庄九郎となる。さらに山崎屋を起こし、油売りでかせぎまくる。司馬遼太郎の小説『国盗り物語』の初めの部分は、このようなストーリーからなっている。

お万阿は司馬が考え出した架空の人物である。しかし、庄五郎か庄九郎については、両論がある。どこまで信用してよいのかわからないが、『美濃国諸旧記』や『美濃明細記』『常在寺文書』などの記録は、庄五郎である。

ところで当時、荏胡麻で作った灯油を売るのには、大山崎にある離宮八幡宮の鑑札（許可状）が必要であった。このお宮は石清水八幡宮の前鎮座地。油の専売権と関税免除の特権を持ち、石清水の権威を活用しながら神社に仕える神人や商人に油を売らせ、一定の歩合いを取っていた。いわゆる「油座」である。

貞応元（一二二二）年十二月、美濃の国司が出したという古文書に、「八幡宮大山崎の神人らが油、雑物などの交易のため不破関を通る場合、間違いのないように通せ」といったものがある。鎌倉時代の初め、すでに離宮八幡宮の鑑札を持つ油売りが、岐阜県内へ進出していたことを裏付ける記録といえよう。

ここでも忘却の人物

「離宮八幡にも、大山崎の町にも、残念ながら道三の記録や言い伝えは残っていません。私どもも、随分と調べてみましたが……」と津田定房離宮八幡宮宮司。

油売り道三は、忘却の人物であった。津田宮司の話によると、離宮八幡宮の商圏は、西は中国、四国地方。東は美濃までという。記録に残らなかった数多くの商人たちとともに、道三の足跡は消え去ったわけである。

大山崎は淀川沿いの湊町。その商圏の広がりが西国に目立つのは、舟運が利用できたためではなかろうか。逆に東は琵琶湖を除きほとんど不便な陸運にたよらなければならない。治安も十分でないので、その際は多人数による団体行動をとらなければならない。このような地理的、社会的な背景が、離宮八幡の灯油商圏から考えられる。

なぜ美濃に目をつけた

なぜ、山崎屋こと道三が、美濃に根をおろしたのだろうか。

江戸中期の書である『堂洞軍記』には、都の笠張り職人だった道三が、清水の観音様に七日七夜の祈願をした。すると「みのを踏まえて笠を張れ」という夢のお告げがあったので、美濃へやってきたと記す。雨具のミノと美濃をひっかけた話である。

この軍記物の舞台は美濃加茂市西部や加茂郡富加村（富加町）かいわいで同村には国の

重文になっている藤原期の十一面観音像をまつる清水寺がある。京都の清水観音とのつながりを持つ霊場である。この書は、おそらく観音信仰に関係する人により書かれたものでなかろうか。

『美濃国諸旧記』などによると、道三こと法蓮房が妙覚寺で学んだ時の弟弟子、南陽房が、常在寺（岐阜市梶川町）の住職をしていた。彼は、それを頼ってやって来たということになっている。正確な記録がないのでこれとてもどこまで本当か判断しかねる。

だが、道三はそれだけのことで美濃へ下ったのだろうか。このほかに、石清水八幡宮の神領が揖斐郡池田町（泉江荘）、可児郡可児町（可児市・明知荘）などにあり、そこを頼ってきたことも十分考えられる。もちろん戦国の世のこと。これらの神領は地元の豪族たちに引っかき回され、年貢の確保などほとんどできなかったが……。

さらに、美濃地方は荏胡麻の産地でもあった。油売りばかりでなく、荏胡麻の買い付けも、大切な仕事だったらしい。貞応の「美濃国司下文」にある「油、雑物の交易」という文字からも、その一端がうかがわれる。

道三が油を売るとき、一文銭の穴を通して油を壺へたらし込み、もし銭に油がついた場合、代金はいらないと、PRしたのが受けた。城下町の人びとは、そのため彼の油のみ買ったとされている。この話も『美濃国諸旧記』など、各書に紹介されているが、どうも巷説《こうせつ》である。なにしろ戦国のころ、灯油を使うのはお寺だとか神社、それに豪族たちだけであろう。また行商といっても市や大道での売りさばきでなく、富山の薬売りのように、定期的にお得意を回り歩いていたのでなかろうか。

彼が美濃に姿を見せ始めたのは十六世紀の前半、大永（一五二一〜一五二八年）のころという。三十歳前後の働き盛りの時であった。

道三、美濃へ

ついてた〝運〟

小説『国盗り物語』では、油屋山崎屋庄九郎から武士の姿に戻った斎藤道三が、京都・妙覚寺の法弟、日護上人を尋ねて井ノ口の里、常在寺に現れたのは大永元（一五二一）年の夏であった。道三はやがて上人の紹介で、その兄、長井（斎藤）利隆を知る。道三の器量にほれ込んだ利隆は、手をついて頼んだ。「貴殿のお力がなければ、美濃土岐家の哀運はどうにもならぬ」

やがて、利隆は彼を土岐頼芸に引き合わせた……。

『美濃国諸旧記』によると、道三は大永のころより毎年、油売りに来ては常在寺に立ち寄っていた。ある時、長井長張の家臣、矢野五左衛門が、道三の一文銭の穴を通して油を注ぐ妙技を武術に生かしたらと、残念がった。それを聞いた道三は発心して、三間半(約六・四メートル)という長い槍《やり》で一文銭の穴を突くまでになり、鉄砲の達人にもなった。やがて住職、日運上人の紹介で長井家へ仕官する。

このようにして、道三は土岐家への足がかりをつくった。常在寺の住職を知らなかったら、こうすんなりとは、ことが運ばなかっただろう。極端なことをいえば、一生、山崎屋という油売りで終わったかもしれないのだ。

大永という時代は、美濃にとり多難な時であった。北近江(滋賀県北部)の豪族、浅井氏が侵入、西濃方面がさんざんに荒らされた。大永元年と、五年に、激しい戦いが展開され、大垣以西は浅井の勢力圏下ということもあった。特に同五年の戦いでは、大垣城を守っていた斎藤五郎という武将が戦死している。このような非常事態のときである。それに、かつて続発した土岐家の内紛のため、土岐軍団の戦力はガタガタであった。心ある武将たちは、人材と見れば、何をおいても召しかかえたことであろう。この点でも、道三は〝運〟がよかったといえる。

常在寺の役割

常在寺は、京都市上京区にある日蓮宗十六本山の一つ妙覚寺末寺。宝徳二（一四五〇）年創建で、日蓮宗の寺としては岐阜県内で最も古いものの一つである。一世から六世までの住職は、いずれも本山の妙覚寺から迎えており非常に深い関係にあった。うち五世日暁、六世日覚は、道三の実子という。すぐ東の稲葉山ともいった金華山（標高三二九メートル）と南の稲荷山（標高一九五メートル）にだきかかえられるように、ひっそりと建っている。すぐ前が、やはり日蓮宗の寺で、芭蕉が「やどりせむあかざの杖となる日まで」という句をつくり、しばらく滞在した妙照寺である。これは、やや新しい。

両寺の間を走る道路を東に突き当たったところに、稲葉山城（岐阜城）の大手口がある。

城の正門前に、建てられた常在寺。いかに城と重要なつながりを持っていたかを、無言のうちに物語っている。

同寺は応仁の乱のとき、土岐軍団の名声を天下に響かせた陰の立役者、斎藤妙椿により建てられた。なぜ、この土地に建てたか。それは、金華山の入り口を押さえる地だったからであるまいか。

斎藤氏は金華山の古城を修理して、守備兵を置いていた。城といっても砦《とりで》程度。しかし北に長良川、南に木曽川が流れ、美濃を横断する部隊は、この山から丸見えである。事実、明応五（一四九六）年の船田合戦の時、ここは狼煙《のろし》台として重要な役割を果たした。このような戦略、交通の要地にそびえる金華山の固めとして、同寺の存在は無視できない。深い堀を周囲にめぐらしていたといった寺伝もそれを裏付ける。

道三時代の住職、日運の兄、長井利隆は『美濃明細記』によると土岐政房、政頼、頼芸の土岐三代の守護に仕えた執権で、大きな権力を持っていたらしい。したがって、その兄を背景にした日運の立場も、並のものではなかった。

道三が頼ってきた常在寺の住職は、日運か日護か。これも書物によって、まちまちである。

『岐阜県史通史編 中世』や、小説『国盗り物語』は日護。『美濃国諸旧記』、『美濃明細記』などには日運。中世史では現在でも高い評価を持つ『濃飛両国通史』も日運説。ただ、一説によると日護だと、追記している。県史や両国通史のように、権威のある歴史書でもこのとおり意見が分かれているのである。遠い昔のこと、正確な答えを求めるのは、無理かもしれない。

「そりゃあ、日運上人に決まっていますよ」と、断言するのは常在寺北川英進住職である。

日運は〝軍師〟か

常在寺に伝わる記録や過去帳を調べると、三世の住職、日護が永正十二（一五一五）年十二月に死去。四世の日運が同十三年二月から永禄三（一五六〇）年七月に死去するまで四十五年間、住職として在任している。美濃に現れ、土岐氏を追放して美濃国の太守となった道三の美濃時代を、日運はこの寺から、じっと見ていたのである。

道三にとり日運は、なくてはならない存在であった。それは仕官の世話をしてもらっただけではなく、難しい問題に出合うたびに良き相談相手として、また後援者として、常にバック・アップを受けた。道三が主人を殺したとき、斎藤、長井の一族が道三を殺そうとした。そこへ割って入ったのが日運で、仲直りをさせたということが『美濃国諸旧記』にある。

この一事を見ても日運の土岐家における発言力の大きさ、また道三に対し並々ならぬ肩入れをしていたということがわかる。そんなことから北川住職は「日運は道三の軍師的存在でなかったか?」と推定している。

織田信長は沢彦《たくげん》、そして徳川家康には天海といった僧侶が、軍師として存在していたといわれる。これらの人たちは、華やかな戦場での活躍は見られないが、舞台裏でのかけ引きに参画したとされている。すると、濃姫の織田家へ嫁入りに象徴される斎藤・織田両家の和睦も、織田家からの要請でなく、日運の考え出した策略だったかもしれない。

道三の父

基宗実父説は疑問

道三の父親については、一般にいわれているような、松波左近将監藤原基宗といういかめしい名前の元北面の武士（皇居警備の武士）だったか否かは、疑問である。

『信長公記』や同一筆者による『大かうさまくんきのうち』などには、道三は「山城の国西岡の松波という者」とか「西岡の松浪と申す一僕の者」とあるだけ。父親が元北面の武士の基宗だったことも、道三が油売りをして美濃へ来たことも記していない。父親が基宗だとか、油売り道三説を紹介しているのは『濃陽諸士伝記』や『美濃国諸旧記』など、美濃に伝わる古記録である。

では、道三の父親は、どんな人物だったろうか。そのカギとなる資料が、『岐阜県史史料編　古代中世四』に収録されている。

これは永禄三（一五六〇）年に書かれた近江の守護六角承禎の手紙である。道三が戦死してから四年後に記されたうえ、道三に追い出された土岐頼芸は当時、承禎のもとにいたこと。さらに頼芸と承禎はお互いに姉妹を嫁にもらっている重縁という深い関係にある点からみて、非常に信頼度の高いものである。

これでみると道三の父親は、かつて西村姓を名乗っていた長井新左衛門（新左衛門尉）という人物である。

実父は長井新左衛門

手紙の関係部分を読み下すと、ほぼ次のようになる。

「彼、斎治の身上の儀、祖父新左衛門尉は京都妙覚寺の法花坊主落にて、西村と申す。長井弥二郎の所へまかり出、濃州錯《さく》乱のみぎり、心はしをも仕り候て、次第にひいて候て長井同名となり、また父、左近大夫代々惣《そう》領を討殺し、諸職を奪い彼者斎藤同名に成りあがり……」

この中にある斎治は、斎藤治部大輔の略で義龍のこと。左近大夫は道三である。要訳すると、「義龍の身の上を申すなれば、祖父の新左衛門尉は西村といい、妙覚寺の法華僧出身である。美濃の長井弥二郎に仕え、戦乱の際に手柄を立てるなど、次第に出世して長井姓を名乗った。道三の代になると長井の当主を殺すなどして、斎藤姓を名乗るようになった成り上がり者」と、いうことになる。

今までの道三伝は、道三の一代による国盗り活動として記されてきた。しかし、この手紙の発見によって「親子二代による国盗り活動」であることがわかる。

近江に伝わる古記録『江濃記』は、新左衛門を豊後守とし、長井弥二郎を長井藤左衛門としているだけで、承禎の手紙とはほぼ一致した内容となっている。そこで考えられるのは、江戸時代の初めのころ、すでに三つのタイプの道三伝があったということである。

その一つは『江濃記』に受け継がれる親子二代による国盗り話。他の一つは諸士伝記や諸旧記に見られる油売り道三による国盗り話。もう一つは、信長公記などにある松波という出自のはっきりしない人物による国盗り話である。

すると、承禎の手紙にあるような親子二代による美濃押領の話が、三つのタイプに変化したのでなかろうか。うち、『美濃国諸旧記』が一番面白く脚色されている。この場合、親子二人の話を道三一人のこととしてまとめたもので、道三が妙覚寺の出であること、土岐政房に仕えたこと、西村と呼んだことなど、新左衛門のこととして考えれば、根拠のある話といえよう。また新左衛門は妙覚寺入りする前、松波姓を名乗ったことがあるかもしれない。『信長公記』などが記しているのだから、簡単に否定することはできない。

三奉行の一人か？

新左衛門については、断片的ながら古文書も残っている。その一つに、武儀郡武芸川町（関市）、汾陽寺に伝えられる享禄三（一五三〇）年の手紙がある。これは河西郷岩村の若宮八幡社を修理したときのもので、十年前（永正十七年）にも修理したが、当時、新左衛門の家臣、又六が若宮八幡社の修理田一反歩を耕作したと、いうものである。

さらに、又六の年貢について問題があった。たまたま新左衛門は尾張に出陣して留守だったので、長井長弘の口利きで解決したといった長弘の手紙もある。

長弘は美濃の古記録では、道三の主人に当たる人物とされている。この人の文書は、各地に残っており、土岐家内で大きな権勢を持っていたことがわかる。その長弘が出てきて、新左衛門の留守をみるくらいである。新左衛門の地位のほどが、うなずける。

それを裏付けるのが、大永六（一五二六）年に奈良・東大寺の定使が美濃に詰めた時の諸費用一覧表（「東大寺文書」）である。そこには油煙を新左衛門に十挺《ちょう》、越中（長井長弘）と友松軒に各五挺、贈ったことが記されている。大井荘（大垣市）などの年貢収納の便宜を図ってもらうためなのだろうか。

その前年に定使が下向したときも、同じく三奉行に贈っている。三奉行というのは新左衛門と長弘、友松軒の三人らしい。いずれにせよ、新左衛門が長弘より多くもらっているところに注目したい。

新左衛門は大永年間には、土岐家の内部において、このような高い地位にあった。

新左衛門が美濃に来たのは、十五世紀末の明応初年ごろだろうか。すると土岐家の内戦である船田合戦に参加したことになる。道三の生まれたのは明応三（一四九四）年とされる。したがって道三は美濃で生まれた可能性が強い。新左衛門は天文二（一五三三）年に没し、道三が跡を嗣ぐことになる。

百七十一石の曽代

地位が高くなると家臣も増える。だが、流れ者なので祖先伝来の領地はない。なんとかしなければと、手を打ったのが、他人の土地を押領することであった。

新左衛門は、佐竹常秋の領地、東山口荘（美濃市曽代）を勝手に奪った。常秋は何回も返還交渉をしたらしいが、新左衛門は返すとは言わなかったようだ。そこで幕府に訴えた。幕府の重役が連名で大永八年、斎藤家や当の新左衛門へ返還するよう厳しく申し入れた（「秋田藩採集文書」）。新左衛門という男はこんな強引なところもあったらしい。

道三についても、面白い話がある。土岐頼芸が道三に与える所領が無いと、困っていた。すると道三は、美濃には寺社領が多いので、分相応だけ再交付し、後は私に下さいと言った（『中島両以記文』）。これでは押領と、さほど変わらない。ともかく新左衛門、道三の親子は、このような方法で領地を拡大していったらしい。だから、それが限界点になると頼純（頼芸の兄の子）を殺し、最後には頼芸を追い出すことにつながっていくのである。

東山口荘のあった曽代は長良川に並行して走る国道一五六号と、国鉄越美南線（長良川鉄道）に囲まれた小さな集落である。中央に幅三・五メートルほどの旧郡上街道と、曽代用水のきれいな流れがある。この街道筋を戦前まで郡上通いの馬車が往来し、馬宿などもあって栄えたと、地元の大蜘蛛与一が語ってくれた。今では新国道ができたので、忘れ去られた。すぐ東に、豊臣秀吉の家来、佐藤才次郎の居城だったという古城山（四三七メートル）がある。「長井新左衛門。知らんね……。それを知っているのは、産土《うぶすな》の神様くらいか……」大蜘蛛は笑った。

江戸初期の石高帳をみると、曽代の生産高は米にして百七十一石（約二十五・七トン）と少ない。長良川の河岸段丘に開けた小さな村だったから、それは当然なことかもしれない。だが、小さな村を〝一所懸命〟の土地として争った常秋の心情も、また、このような村でさえ押領しなければならなかった新左衛門の気持ちが、なんとなくわかるような気がした。

河西郷岩村

道三の父、新左衛門が関係した若宮八幡社があり、また新左衛門の家来、又六が田んぼを耕作していたという河西郷岩村はどこだろうか。

恵那郡岩村でないかといった意見もある。ここには有名な若宮八幡社もあり有力だが、汾陽寺とのつながりを考えるうえにおいて遠距離過ぎる。

もっと近いところの岩村は、岐阜市山県岩地区が浮かび上がった。汾陽寺から約四・五キロメートル西南。都合のよいことには長禄四(一四六〇)年の岩村田畠売券(「汾陽寺文書」)に千岐《せぎ》、見定洞などの地名が記されていた。岩地区で調べると、千岐、見寺洞といった小字があった。見寺洞は見定洞が変化したものだろう。

また、同地の八幡神社は俗に若宮八幡とも呼ばれており、「汾陽寺文書」とぴったりである。同文書には、この辺りの豪族、鷲見氏のことや越前兵が岩村に攻めてきたとか、善恵寺に預けておいた屋根修理用のクレ材が四散したことなどを記す。山県岩地区ならば、越前兵の侵攻も可能である。また定恵寺という禅寺があるが、善恵寺と呼んだことはないというから当時、聞き違えて書いたものだろうか。河西とは、武儀川の西の意味になる。

岩村に又六の耕地があったことは、付近に新左衛門の領地があったことを意味するのかもしれない。近くの八代村・土居村(岐阜市)が道三の時代に用水を設け成り立つようになったという。

道三、西村勘九郎を名乗る

典型的な農業地帯

本巣郡真正町（本巣市）。この辺り、濃尾平野のど真ん中で、典型的な農業地帯である。応仁の乱の時「桔梗一揆《ききょういっき》」として恐れられた土岐軍団を支えたのも、これら穀倉地帯の力だった。また、織田信長の上洛を、あっという間に実現させたのも、これら濃尾平野のエネルギーだった。

土岐頼芸に仕えた斎藤道三が、まず最初に手にした領地は、米どころ真正町西軽海の一帯だった。

道三は頼芸のお声がかりで廃絶していた西村家を継ぎ、西村勘九郎と名乗る。軽海に所領と屋敷をもらい、毎日、鷺山城の頼芸のもとに出仕する。その間に主君の愛妾《あいしょう》「深芳野《みよしの》」の美しさにひかれたり、京に残した妻「お万阿」に会いに出かけ、さらに大内無辺という武芸者と試合をするなど、司馬遼太郎の小説『国盗り物語』に登場する道三は、目まぐるしいほどの大活躍をする。

では、実際はどうか。残念ながらこの辺りのことは、はっきりしない。『美濃国諸旧記』によると、長井長張の紹介で、土岐政房にお目見えしたが、長男の政頼（頼芸の兄）が危険人物だと父に意見、遠ざけた。そのあと頼芸に仕え、西村の名跡を継ぎ、軽海西城の主となった。大永五（一五二五）年の春だったということになっている。

竹薮の中の城跡

軽海西城の跡は、真正町西軽海の竹薮の中にあった。周囲に溝があった。うち西側と北側が幅一メートルくらい。地元の人たちは、この溝が軽海西城のお堀の名残と、説明してくれた。

竹薮の中心部に、円長寺という真宗のお寺が建っている。小さな一石五輪塔や、室町時代とみられる五輪塔の笠（火）の部分が、無雑作に積み重ねてあった。「ここは約二メートルほど屋敷が高いでしょう。昔、お城があったためです」同寺の一柳よしこは語る。この寺、のちに城主となった一柳直末の菩提《ぼだい》を弔うために建てられたものという。

軽海西城跡に建つ円長寺（岐阜県本巣市）

「こんなところで、よく戦争ができたね。敵に攻められればひとたまりもなかったろうに……」畑の手入れをしていた青年が語りかけてきた。この人、白壁に高い石垣。深い堀を持つ近世の城郭のイメージで、西城を考えていたのだ。

戦国時代の城というのは、領主たちが日常生活をする館《やかた》で、周囲に低い土手をめぐらす程度というのが一般的である。土手用の土を掘った跡が堀になる。戦争のときは近くの山や、自然丘陵に設けた砦に入る。軽海西城も、そのような館ではなかったろうか。

道三が美濃に来た年は

道三が美濃に来たのは、『美濃国諸旧記』によると大永のころ（一五二一〜一五二八年）とされている。一方、同書には、道三が最初にお目見えしたのは土岐政房だとしている。この人が死んだのは永正十六（一五一九）年だから永正末年にすでに美濃に来たことになる。このあたり、『美濃国諸旧記』の記事は混乱している。

政房が死んだ年に、道三が土岐家への仕官運動を開始したとすれば、西村の家名を継ぐまでの六年間、かつての法兄、常在寺日運や長井を通じて、あの手、この手で運動を続けたことであろう。小説『国盗り物語』では、道三は京から珍しい品物や銭などを、どんどん送らせ、日運など関係者に贈る一コマが、生々と描かれている。涙ぐましいほどの努力だったといえる。

道三を土岐家に紹介する仲立ち役を買って出た長井長張は、正史に登場しない。その代わり、長井藤左衛門とか、長井越中守長弘といった人物が出てくる。同一人物で、『美濃国諸旧記』にいう長張は長弘のこととされている。

政頼が注意人物としてマークした道三を、長弘がなぜ、あれほど身を入れて仕官の世話をしたのだろうか。①その人柄にほれ込んだ、②山崎屋の財力がモノをいったなど、いろいろの意見がある。だが、もっと別の問題があったようにも思える。それは、道三の出生にもからむ大きな問題である。

『江濃記』という書物に「斎藤家の家僕は永井藤左衛門、同豊後守である。豊後守は山城西の岡の浪人で、藤左衛門の与力となり、たびたびの合戦に手柄を立て長井豊後守を名乗った。（中略）のち豊後守と藤左衛門の仲が悪くなったが、息子の山城守利政（道三）の代に藤左衛門を殺した」という記事が載っている。つまり道三の父親が長井豊後守として、すでに斎藤に仕えていたというのである。そうだとすれば長井藤左衛門が、自分の大切な協力者、豊後守の子供で、家中から敬遠されていた道三のためひと肌脱いだという推理も成り立つ。

伝記の書き改めも

『江濃記』という書物は、資料的には、さほど重要視されていない。したがって「父親の時代、すでに斎藤家に仕えていた」というショッキングな部分を、歴史書は完全に無視してきた。古書で『江濃記』を引用、道三の父は豊後守であるという異説を紹介しているのは非常に少ない。

ある時、岐阜県史編集室で、一通の文書の写しをめぐり、色めき立ったことがあった。東京大学史料編纂所にあったものである。それは永禄三（一五六〇）年、南近江（滋賀県南部）の大名、六角承禎が五人の家臣に宛てた手紙。一節に「斎藤義龍（道三の子）の祖父、新左衛門尉は妙覚寺（京都）の法華坊主くずれで西村といい長井弥二郎の家来になり長井姓を名乗った……」と、記されていたからである。

永禄三年といえば、道三が戦死してからわずか四年目。それに差し出し人は土岐家の濃い親類（頼芸の妻は六角氏の出。また妹が六角氏に嫁いでいる）。したがって、信用度の高い文書である。これと『江濃記』の長井豊後守のことが、名前こそ違うが大筋で一致している。

とにかく道三は仕官した。軽海西城から鷺山城まで直線距離にして九キロメートルある。『国盗り物語』では、鷺山城下に屋敷をもらい、常時、頼芸のそばに詰めていたとする。そうだったかもしれない。

その間、道三は自分を退けた土岐家の当主政頼に対し、機会があれば〝一矢報いたいもの〟と、心に秘めていた。「怒を押え時節をうかがい、このうらみを散ぜんと思いつめ、ますます国家を押領するの志を尽しおわんぬ」と、『美濃国諸旧記』は、道三の心中をリアルに描写している。

美女、深芳野

削り取られた鷺山

金華山頂（標高三二九メートル）にそびえる岐阜城から西を眺めると、長良川のすぐ向こうにひとつまみの丘陵が横たわっているのが見える。これが岐阜市鷺山、正木地区にまたがる鷺山（標高六八メートル）である。住宅地づくりのため、南側の約三分の一が、バッサリ削られている。

この山に城があった。鷺山城と呼び、土岐十一代目の当主、政頼の弟、頼芸が住んでいた。彼が、この城の主になったのは父、政房が死去した永正十六（一五一九）年、十九歳の時という。斎藤道三の策略で、政頼を革手城から追い出し、革手城に入るまでの八年間、ここにいたわけである（現在は、永正六年以降、土岐氏の拠点は長良の福光に移っていたと考えられている）。

この若い土岐家の二男坊、頼芸の周辺に、一人の美女の姿があった。その名を深芳野（三芳野）といった。

背が高い女性か？

「眼を伏せ、頭を垂れ、息をのみ、やがて息をほそめながら、たったいま見たものがこの世のものかどうか疑わしくなった。（おそろしいものを見た）うわさは聞いてはいた。土岐頼芸の愛妾深芳野のうつくしさについては」

司馬遼太郎は小説『国盗り物語』の中で道三が初めて美しい深芳野を見たときの心の動きを、このように記している。

小説やテレビドラマに登場する深芳野は、絶世の美女である。しかし実際には、どうであったろうか。いささか気になるところである。しかし『美濃国諸旧記』や『濃陽諸士伝

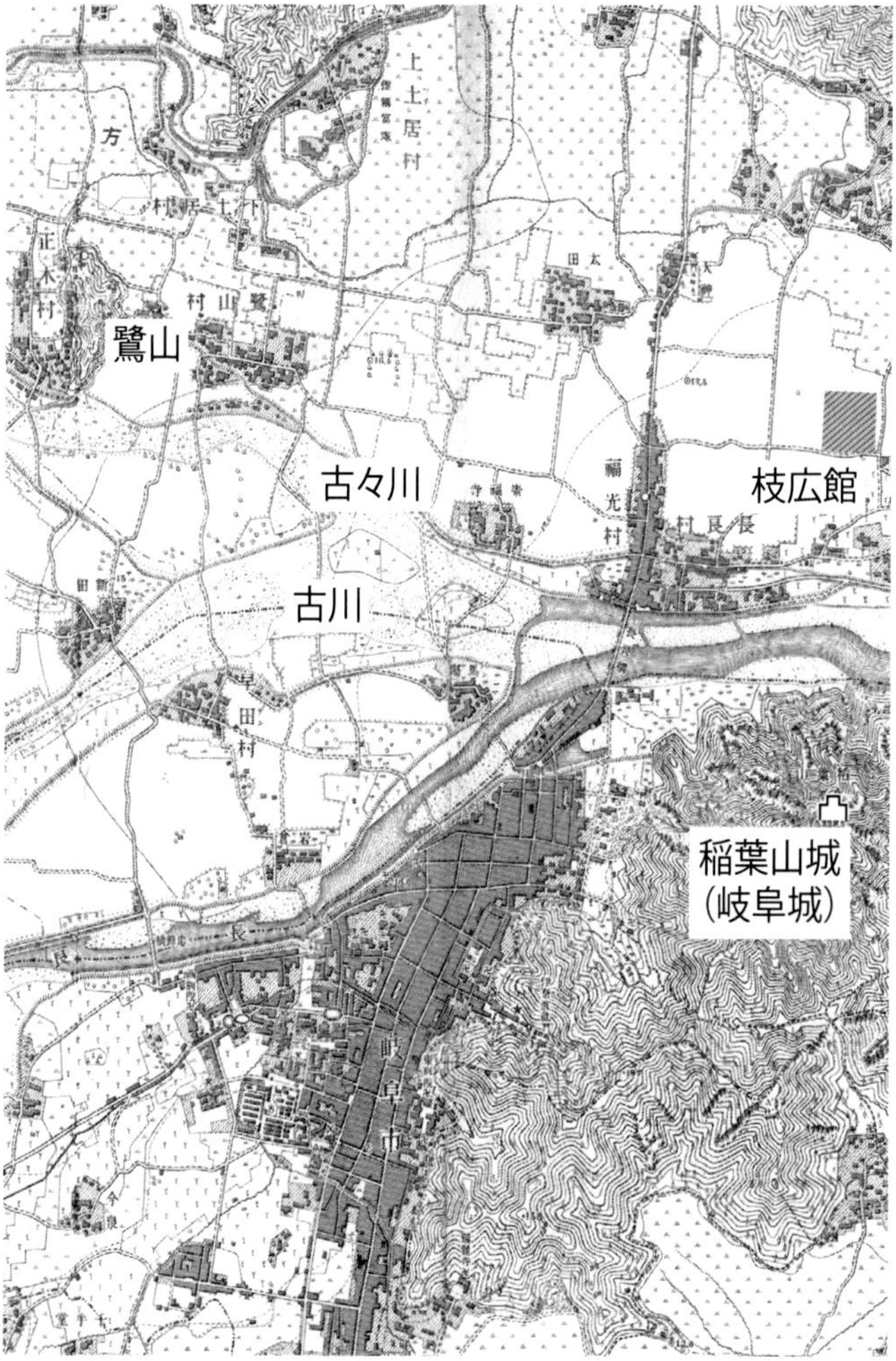

陸地測量部２万分１地形図「岐阜」（明治 24 年）

記』では〝美婦〟とか〝美女〟といった表現で、あっさり逃げている。力の時代、男性の時代で女性が無視された戦国。その戦国のムードが、まだ完全に抜け切らぬ江戸時代の初めに両書ができた。そんな社会的な背景のためだろうか。女性に関する記述はきわめて簡単である。両書の著者が克明に書きとめていてくれれば、もっと幅の広い個性の豊かな〝深芳野像〟ができていたことだろう。

「男の子は女親に似る」ということばが、現在でもよく使われる。その手法で分析すると、美女という概念からほど遠い大女としての深芳野像ができ上がる。その手がかりになるのは、常在寺にある斎藤義龍の画像や、彼の偉丈夫ぶりを記した古い書物などである。

義龍画像は、不敵なツラ魂でまさに戦国の武将といった気迫に満ちている。それに『美濃国諸旧記』には、義龍の身長は七尺（約二・一メートル）ばかりとある。すごい大男だったわけで、これから連想される彼の母親、深芳野には当時美女の第一条件であったなよなよしさなど全く感じられない。江戸中期の書『武将感状記』は義龍は六尺二寸（一・九メートル）とあり、その母親は「艶容比すべきものなし。しかれども丈高きこと六尺（一・八メートル）ばかり」と紹介していることでもうなずけよう。

稲葉一鉄の姉か？

深芳野は、いったいどこの出身なのか。小説やドラマでは、丹後（京都府）宮津の城主、一色左京大夫の娘としている。だが『美濃国諸旧記』や『美濃明細記』など、一般に使われている書物には、そのような記事がなかった。諸士伝記のなかに「土岐殿の簾《れん》中は一色氏の娘」という一行がある。土岐殿は頼芸をさす。しかし一色氏だけでは、どこの一色氏かわからない。同書には、そのすぐ後に「厚見郡一色という所に土岐殿の屋形あり、世の人、一色殿と称す」といった文章が続く。土岐一門の中には一色氏を名乗る人もある。簾中がもし深芳野ならば、彼女はひょっとすると美濃の一色氏の出かもしれない。

江戸後期にできた『尾濃葉栗見聞集』には、道三が京都から「小藤」または「三芳」と呼ぶ美女を連れてきて奉り、後に自分の妻としたとする。後年、道三は頼芸の兄の子などに娘を送り込むが、これも京都から連れてきた美人と、諸士伝記にある。いずれも、道三ならばやりかねないことだ。しかし、話があまりにもうまくでき過ぎているようだ。いずれにせよ、一家の都合によって敵国へも嫁に行かねばならなかった戦国の女性こそ、あわれであった。だが武将たちは、この政略結婚作戦を徹底的に利用した。作家杉本苑子の話によると「織田信長が最もこれをフル利用した」そうだ。

深芳野の親元については、一般に稲葉氏の出で、一鉄（良通）の姉に当たるとされている。これは『武将感状記』などにある話で、旧『岐阜市史』などに記されており、別に目新しいことではない。しかしストーリーとしては一色氏の出というほうが、数段と面白い。

一鉄は土岐、斎藤、織田に仕えた歴戦の強者《つわもの》で「美濃三人衆」の一人である。祖父の塩塵（通富）も、なかなかの豪傑。このような武将の血を引いている深芳野であれば、義龍のような偉丈夫が生まれても当然である。また六尺ばかりの大女であっても、別に不思議ではなかろう。このほか、斎藤利安、または長井長弘の娘といった説もある。

消滅した戦国の跡

鷺山は、低い丘陵だが、傾斜が急で登りにくい。それだけに、城づくりにはもってこい。南を長良川が流れている。かつては、山の南半分は川に洗われていたらしい。今でも地中から河原石が、わんさと出る。すると鷺山の古名はサキ山で川の中に突き出した山、岬のような山の意味でなかったろうか。

鷺山から金華山を望む（岐阜市）

山頂は二十畳敷きくらいの広場になっており、昭和八（一九三三）年、岐阜日日新聞社（岐阜新聞社）が建てた鷺山城跡の石柱が三角点の横に建っていた。都心に近いものの、野鳥が非常に多く、展望も良い。

深芳野が頼芸とともに住んだ居館は、どの付近にあったのだろうか。地元の人たちに聞いて回ったが、しっかりしたことはわからなかった。ただ、城は頂上から現在、削り取られた南端部にかけてあったらしく、尾根が段々状に整地され礎石らしいものもあったことが聞けた。惜しいことをしたものだ。もし削られていなければ、調査の余地があったろうに。

東麓の北野神社の参道わきに、黒っぽいひと抱えもある石があった。この石は、宅地造成のとき掘り出したもの。鷺山城の礎石でないかとされている。確証はない。

頼芸が住んだ館は、丘陵の東北部の山裾《すそ》らしいという。北野神社参道付近までが長良川の遊水地帯。居館跡は、それより北側というわけである。

鷺山の東北麓へ行ってみた。血で血を洗う道三の一代記の中に、ささやかな潤いをもたらした深芳野の話。その舞台となったこの辺りは住宅が建ち始めており、ひと昔前と、その様相が一変した。

「へエー。ここに土岐家の屋敷が……。知りませんでしたねェ……」洗たくをしていた五十歳ぐらいの女性が、びっくりしたような表情をした。

鷺山丘陵に押し寄せた都市化の波は、戦国の物語を完全にのみ尽くしていた。

第二章　革手城から稲葉山城

革手城、乗っ取り

想像される堅固さ

「あそこは、革手城跡ではありません。強いて言えば、正法寺の境内ですな……。城のあったところは、もう少し南、西川手方面です」吉岡勲岐阜市金華小学校長は「済美女子高校、革手城跡説」に、真っ向から反論する。

古い書物によると、革手城のことを川手城、河手城、府城とも記す。府城とは美濃における政治、文化の中心地だったためである。

この城は土岐氏の三代目、頼康の時、築かれた。それまで長森城（岐阜市切通、切通観音付近）にあったが、手狭になったため広い革手地内に移ったという。十四世紀の中ごろのことだ。頼康は足利幕府の信任も厚く、美濃のほか尾張（愛知）伊勢（三重）三国の守護を兼ねた。現在なら、東海三県の知事を兼務していたことになる。

そこで、交通の便のよい革手へ出てきたのではなかろうか。当時の木曽川は、現在の境川筋を流れ、約八キロ西南の墨俣で長良川と合流していた。そのため、この辺りは交通の要地とされていた。

ここに築かれた革手城。それは土を盛り上げた土塁が中心らしい。十五世紀の中ごろ、美濃へやってきた公卿、一条兼良が『ふぢ河の記』で「正法寺の向かいに城をつき、池を深くして軍塁の構えをなせり」と書いている。池を深くしてというあたり、堅固な城であったことが想像される。

このように、飛躍する土岐氏をシンボライズする革手城であったが、西村勘九郎こと斎藤道三の智謀の前には、土岐氏終焉の城となり、ひとたまりもなく壊滅した。

司馬遼太郎の小説『国盗り物語』では、深芳野を手に入れた道三が「このお返しに、土岐家の主《あるじ》にしてやる」と、主君、土岐頼芸にささやく。ひそかに同志を集めていた道三が、頼芸の命令だとして革手城を急襲する。不意を突かれた城主、土岐政頼は朝倉氏を頼って越前（福井）へ脱出するという筋書き。道三の面目躍如といったところだ。

政頼追放の日は大永七（一五二七）年八月十二日のことと『美濃国諸旧記』は記している。この年号が正確だとすれば、道三が三十四歳のとき。政頼は二十九歳で頼芸は二十七歳だった。道三による〝下克上《げこくじょう》〟の初仕事は、まんまと成功した。

『美濃国諸旧記』によると、道三方が動員した兵力は五千五百余人、政頼方は二千余人という。五千人からの兵力を集めるには相当な準備も必要で、奇襲攻撃には向かない。それに道三は三間半（約六・四メートル）の長槍をふるって大奮闘するが、このあたりの描写はあまりにも講談調である。

堀跡が用水路に

本物の革手城は、どこにあったのだろうか。西川手の交告源治家に飛び込んだ。

「革手城跡ですか。はっきりしないが、この辺りも城内だったらしいですよ。すぐ前の用水が、城のお堀だったということです」

交告の話によると、城の中心部は下川手字樹木地内にあったらしい。交告家の辺りは南門という小字で、ここが城の南門付近だそうだ。

終戦直後に作られた厚見村（岐阜市）の地図を広げてみた。堀跡という用水は東と南側をカギ形に曲がり、神明神社の裏手で荒田川に注ぐ。このほかに樹木、正法寺両地内の境

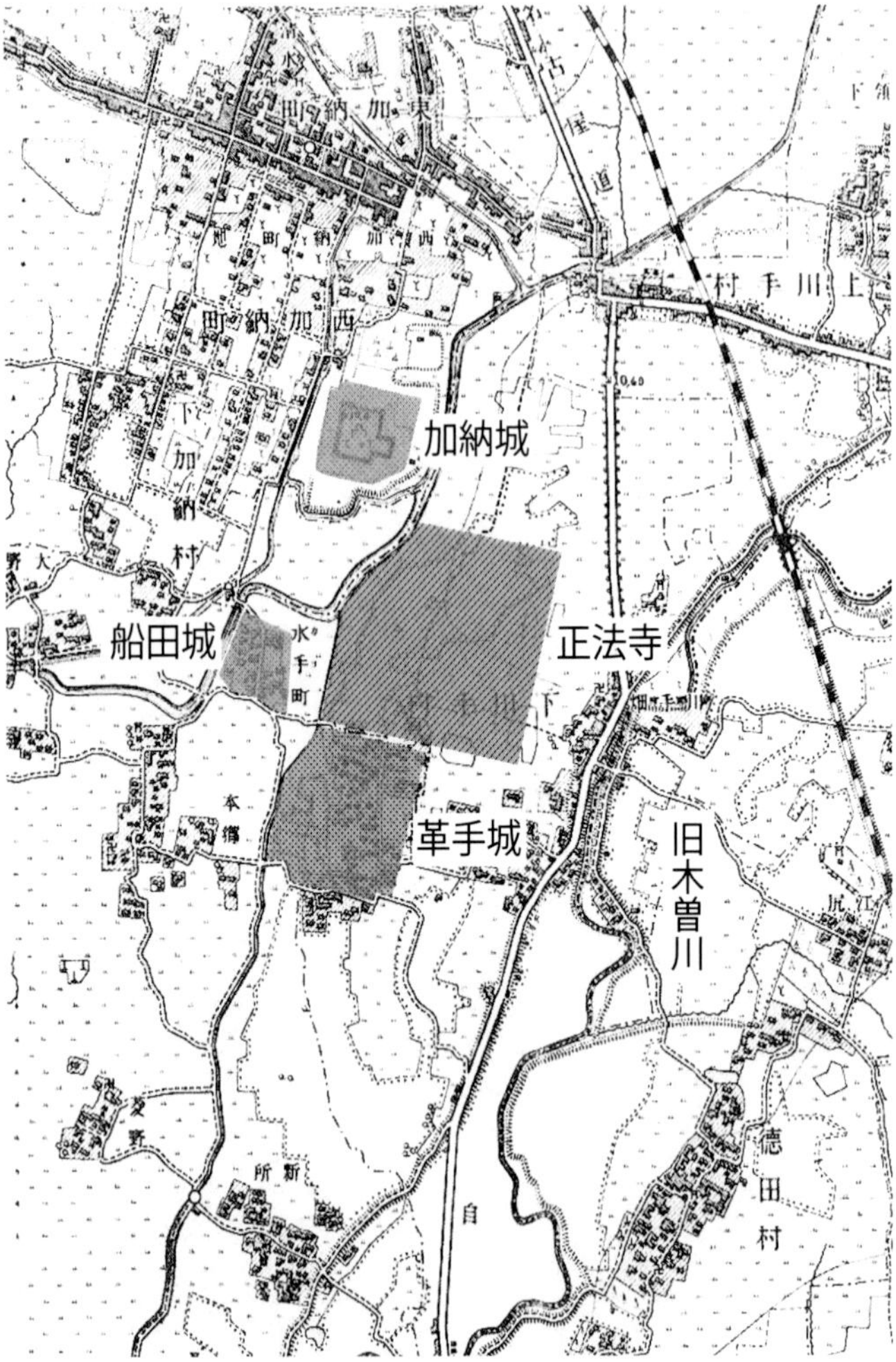

陸地測量部２万分１地形図「笠松町」（明治 27 年）

に一本の用水がある。これらの用水を結ぶと、一辺四百メートルほどの四角い地域ができる。この中が、城の中心部らしい。

用水の外側にも、馬場とか新屋敷といった地名が残っている。木曽川（境川）を外堀にしていたという伝承もある。また西川手の中心部から五百メートルほど東に正福寺という寺がある。そこに天正十（一五八二）年の禁制が保存されている。はっきりしないが「下河手古城寺内福蔵坊」と読める、福蔵坊は同寺の前身。さらにさかのぼると、土岐家の菩《ぼ》提《だい》寺、正法寺となるそうだ。竹腰洒寿住職は、福蔵坊時代、すでに現在地にあったという。すると禁制の古城寺内とは、革手城の敷地内を意味するものでなかろうか。いずれにせよ、城の規模は広大で、それこそ府城の名に恥じないものだったろう。

変わった周辺の風景

『船田乱記』に革手、加納、船田の三城は鼎《かなえ》の足のように三角形の頂点に位置すると、漢文で記されている。また、革手城と加納城との間に正法寺があったとも述べる。正法寺跡の南が革手城跡となる。加納城は今の加納城跡の本丸辺りにあり、また船田城は現在の

正法寺跡の碑（岐阜市）

岐阜市加納舟田町辺りとされるから、記録ともぴったりである。

西川手は豊かな農村だったらしく、古い家はどれも立派だ。長屋門を持つ家が目立つ。その間に、新しい家が点々と建っていた。堀跡という用水は、幅二メートルぐらい。

城の中心部だという樹木地内に足を運んだ。民家の上に正法寺跡の椋《むく》の大木が、ニョッキリ頭を出していた。戦前の古い写真を見たことがあるが、見渡す限り田んぼの中に、この森があった。今では住宅が建ち始めそんな風景は考えることすらできない。区画整理も完了、地名さえ変わった。樹木地内は光樹町と正法寺町に変身した。

ここから済美女子高校は、東北の方向である。同校の革手城跡はかつて八幡神社があった所といい城の東北、それも土岐源氏の守護神、八幡神社。これこそ代々の革手城主が城の鬼門除けとして崇《あが》めた神ではなかったろうか。

祐向山城は勘九郎（道三）の城

城跡は法林寺地区

能郷白山《のうごうはくさん》（標高一六一七メートル）に源を持つ根尾川が、山間部から濃尾平野に顔を出すところ。その左岸側が本巣郡本巣町（本巣市）、右岸側が揖斐郡大野町である。

この本巣町側。法林寺地区の山に、西村勘九郎こと斎藤道三の居城、祐向山城があった。これは土岐家十代目の当主、政頼を革手城から追い出し、その弟、頼芸を入れた論功行賞として、もらったものだ。大永七（一五二七）年九月のことという。

それまで道三は、軽海西城と呼ぶちっぽけな館《やかた》の主《あるじ》だった。祐向山城は砦《とりで》とは言いながら軽海西城に比べ立派だった。道三は「城持ち」という言葉にふさわしい身分になったの

祐向山城・山口城を望む（岐阜県本巣市）

である。彼の得意満面の姿が想像される。

その祐向山城は、いったいどこにあったのだろうか。ここも、はっきりしない。古い書物には、船木山説（『濃陽諸士伝記』など）と法林寺地内説（『美濃明細記』など）の二説があった。さらに『美濃国明細記』には二つの祐向山城が紹介されていた。そのほか、文殊西の城がそれだ（『美濃国諸旧記』）というのもあった。

本巣町教育委員会へ飛び込んで聞いた。「船木山は大部分が糸貫町でしょ。もし、あそこに城があれば祐向山城とか文殊城とは呼びませんよ」と、横山栄助本巣町教育委員長。郷浩岐阜城館長も「法林寺の奥の高い山が祐向山城だ」と語っていたが、やはり大勢は船木山説を無視しているようだ。

三カ所にあった城

法林寺地区は岐阜市の中心部から直線距離にして十キロメートル余りしか離れていないが、全くの別天地である。

北側の尾根には、ラクダのコブのような峰が数カ所ある。うち特に高い三つが城跡だと地元の山本二一が語った。東から順に東の城、中の城、西の城と呼んでいる。祐向山城という呼び方は別にないが、東の城、中の城のある二つの峰一帯が祐向という地名だから、たぶん、それをさすのだろうという。三つの城跡とも、山頂付近に狭いながらも平地が段状にあり、城跡であることが一目でわかるそうだ。

越前勢に備えた城

祐向という地名を、山本は「イコ」と発音した。ユウコウとかイコウではないのだ。天文十二（一五四三）年の「東大寺文書」にはユウカウと片仮名で書いている。たぶん漢字をそのまま読んだためだろう。言源は「盆地から入り込んだ小さな谷」といった意味のイゴ、「山が背後にある土地」の意味を持つイカという古い言葉が、なまったものでなかろうか。

つまり東の城、中の城の辺りの地形は、イゴ、イカにぴったりなのだ。

東、中の両城をつなぐ尾根の中間辺りに、古毘沙門《ふるびしゃもん》の地名がある。城主がまつった毘沙門堂（現在、お堂は法林寺集落に降ろした）のあった所という。毘沙門天は北方を守る仏である。すると、法林寺地区の最も奥まった場所に居館を設けた東、中どちらかの城主が、その真北の尾根に、この仏をまつり平安を祈ったとしか考えられない。それは美濃国を制圧しようと、ツメをとぎ始めた道三その人ではなかったろうか。また、かつてここの城の主であり、やがて道三のために倒される運命にあった斎藤利安だったろうか。今でも、この辺りのカキ畑や山裾《すそ》に、屋敷跡らしい石垣が散在しているという。

ところで東、中の両城は、果たして『美濃明細記』に記す祐向山城なのだろうか。西の城は『美濃国諸旧記』にいう文殊西の城なのだろうか。うち西の城は山口地区のすぐ東に当たる。すると『美濃明細記』などにある山口城は、これをさすのではないだろうか。

道三のいた祐向山城は三つの城のうちどれかだろうが、だれに聞いても、文献を見ても全くわからずじまいに終わった。だが、祐向という地名が残っている以上、東、中、両城のいずれかだろう。しかし、西の城にも、大きな魅力を感じた。首洗いの池の伝説地もあり、また城の縄張りも三城跡のうち一番立派であると、聞いたからである。

〝国盗り〟への拠点となった祐向山城を、道三は後々までも手離さなかった形跡がある。ここは越前（福井県）の朝倉氏に対する軍事的な意味を持つからである。

政頼、続いて頼芸を追放した道三は、それまで同盟者であった朝倉氏と完全に対立した。朝倉氏にとり美濃を攻めるのは石徹白（郡上市）と、文殊へ出る根尾川沿いのルートの二本が主なものである。特に根尾川ルートは稲葉山城への最端距離にあり、西濃と稲葉山城を分断する位置にある。このような大切な地点を、道三は見逃すはずがなかっただろう。

長く道三の直轄に？

司馬遼太郎の小説『国盗り物語』では、道三が祐向山城をもらったが「城と領内の村村を一度見に行ったきりで、行こうともしない」としている。そうだったかもしれない。利安も、稲葉山のふもと長良に館を建てて住み、祐向山城には居なかったと、『美濃国諸旧記』

は述べている。

だが、軍事的な拠点とあれば、たやすく部下に渡すわけにはいかない。成り上がり者という立場にあり、また越前との関係が悪化してくればなおさらのことである。道三が天文年間（一五三二～一五五五年）もなお、この城を自分の直轄にしていたらしいことは、天文十二年の「東大寺文書」から推定できる。

この年の六月から八月にかけ、東大寺の役人が徴収のために寺領の大井荘（現大垣市中心部）へやってきた。ところが思うように徴収できない。そこで「ユウカウノ城」から「大カキノ城」へ。再び「ユウカウノ城」へと足を運んでいる。

時の大垣城主は宮川安定。この人、道三の内室と縁続きで、道三の与力（協力者）分であった（『本願寺天文日記』）。この関係から東大寺の役人の行動をみると、まず祐向山城へ行き、道三に宮川氏へ徴税協力をするよう口添えを頼んだと、考えたい。

明細記には、祐向山城主に長井孫九郎弘義という人物がいたことを記す。この弘義は、後に兄、義龍に殺された道三の二男、一色右京亮らしい。『美濃国古代人物誌』なども、その説をとる。彼は義龍のすぐ下の弟であるから、天文十二年に在城したとすれば、よくいって十四、五歳。どうにか独り立ちできる年齢であるが、やはりその背後に道三の存在がちらつく。

道三を、また美濃の戦国史を考える場合、この山城は重要な意味を持っているのである。

長井氏を討つ

藤左衛門の実像は

道三と対立していた長井藤左衛門が道三によって殺された。道三にとり、土岐政頼の追放に続く二番目の〝下克上〟が意外に早く成功した。天文二（一五三三）年から同三年までのことと考えられている。

崇福寺に藤左衛門の三周忌に描かれたという画像が残っている（現在は斎藤利匡像と考えられている）。

その画像は、斎藤家の棟梁《とうりょう》としての気品にあふれていた。それに、画像本来の色、画面全体になにか〝鬼哭《きこく》〟といったものを感じた。藤左衛門のうらみが、この絵にこもっているのであろうか。

またこの時は藤左衛門の時代、この寺の住職だった仁岫和尚の語録があり、「仁に依り、勇あり。直を守り邪無し」と、彼の人柄が記されていた。

一般には長弘殺し

岐阜県史編集室船戸政一主任主査が「このサインを見なさい」と、古文書のコピー二通を机の上に広げた。それは揖斐郡池田町龍徳寺の禁制（不法行為を禁止する布告書）と武儀郡武芸川町（関市）、汾陽寺に伝わる手紙であった。

よく見ると花押（書き判）が、同じであった。禁制には越中守としか記されていないが、手紙には長弘、長井越中守と二カ所にサインがあった。また禁制の年号が、享禄三年三月となっていた。これは長井藤左衛門が殺されてから二カ月後に当たる。

ところが、一般にはこの長弘が道三に殺されたとされている。「うちの寺伝でも開基の長井藤左衛門長弘が斎藤利安と同一人物で、道三に殺されたことになっています。だから寺に利安の画像や位牌《いはい》、墓などがあるわけです」と、崇福寺の東海恵遠住職も語っている。

しかし龍徳寺の禁制が長弘のものである限り、道三の長弘殺しは成立しない。長弘の死んだのは天文二（一五三三）年二月二日（『仁岫録』）とされている。すると、殺されたのは長弘の跡を嗣いだ景弘と現在は考えられている。

長弘殺しの話は江戸初期、すでにでき上がっていた。『美濃国諸旧記』には、道三が、自分を引き立ててくれた長張（長弘）が意のままにならないので「古主同然にして、その恩」が深いのにもかかわらず、酒宴を勧め政務をおろそかにさせた。そうしておいて不行跡を名目に、長張夫婦をバッサリ」と記している。利安より大恩のある長弘を消したほうが、道三をより〝悪〟に仕立てることができる。江戸初期は儒学による道徳観が成立し始めていた時である。こんな時代的な背景が諸旧記の著者の心を左右したのではなかろうか。

美濃に伝わる古い書物は、いずれも長弘説にまどわされ、被害者の判別を十分にしなかった。ところが、どこかが食い違う。そこで長弘、利安同一人物説が登場したのではなかろうか。

崇福寺の本堂の裏に、数基の宝篋印塔《ほうきょう》があった。「いずれも中世の年号を刻んでいますが、拓本でも取らなければ読めません。利安夫婦の墓も、あの中にあります」と、東海住職。

なぜ消されたか？

利安は、明応五（一四九六）年の船田合戦のとき、大活躍をしている。すると殺された時は若くても五十歳以上になる。上り坂の道三と、意見が対立するだけの覇気《はき》があった時代である。その点、崇福寺の画像は、よく利安の面影を伝えているのではと、思った。寺伝では、崇福寺は文明元（一四六九）年、土岐成頼と利安により創立としている。すると殺された時は、おそらく八十歳代の老人としか考えられず、道三が急いで殺す必要はなかっただろう。

利安は祖父（利国）、父（利親）が近江（滋賀県）出兵で同時に戦死したため身寄りを失った利良の補佐役となり、土岐家の中心人物になった。利国の弟である利安は利良にとって大叔父にあたる。とにかく利良を土岐政頼の執権にまで押し上げたが、あとがいけなかった。手塩にかけて育てた利良と対立、政頼の弟頼芸を助ける立場に変わる。このとき道三が登場するわけである。とんとん拍子に頭を上げるどこの〝馬の骨〟ともわからない道三に、斎藤家という名門の血が許さなかったのかもしれない。それが享禄の悲劇となって現れたといえる。

殺された場所、つまり長井屋敷があったのは、ほとんどの書物が長井洞だとする。今の岐阜市鶯谷トンネル近く、東別院の辺りである。しかし一部にいわれている藤衛門洞説も捨てがたい。これは金華山ドライブウエーの西入り口辺り。稲葉山城の大手口である。この洞に織田秀信の家臣、津田藤右衛門の屋敷があったため、こう名付けられたという。だが藤左衛門の名前がなまったのではなかろうか。金華山は斎藤家の砦《とりで》があり、大手口に彼の屋敷があってもおかしくない。それに鷺山城の頼芸を補佐するには、長井洞よりはるかに地の理を得ている。

道三は金華山の軍事的な価値に注目したが利安が頑張っている限り手に入れることは難しい。そこで彼を消したとも、考えられる。

別の見方もある。利安は土岐家の家臣団の中心人物だ。この時代、土豪層の台頭があり古い体制側の利安らを突き上げた。道三は、その新しい波に乗り利安を殺したというもの。船戸の意見である。

墓碑名とぴったり

ところで架空の被害者となった長弘だが、彼はいったいどこに眠っているのだろうか。

臥雲院で、正体不明の宝篋印塔のあることを聞いた。

「だれのお墓か、いっこうにわかりません。刻銘がありますが、はっきりしません」と、白木義一住職。

墓は庫裡《くり》の裏、瑞龍寺山の山裾《すそ》にあった。岩の上に、ひっそりとすえられていたが、かつては山中にあったという。高さ約五十センチ。九輪と宝珠が失われているが、気品のあるつくりだ。台座の刻銘の「天文二□巳年二月二日」の文字が、はっきり読み取れた。確かに長弘の墓である。

住職にお願いして和紙と墨をいただいた。インスタント拓本を取るためだ。台座を水でぬらし和紙をあて、ハンカチでたたいた。すると「前越□大□宗忠禅□門」の文字が、浮かんできた。長弘の改名は「顕功宗忠禅定門」（『仁岫録』）で、官位は越中守だから、前越州大守と読めるこの墓碑名とピッタリであった。

臥雲院は天正八（一五八〇）年の創建という。すると長弘は臥雲院でなく、隣接する瑞龍寺に葬られたのでなかろうか。

法師白雲とは

道三の命ねらう？

道三は、出世街道、国盗り街道を、ひたむきに走り続けている。その前途をさえぎる前守護職、土岐政頼を追い出し、また土岐家の重臣、斎藤利安夫婦を殺害するなど、手段を選ばない。姓も西村を捨て、土岐家の中では由緒のある長井姓に変えた。長井新九郎政利と名乗ったようである（『美濃明細記』など）。

ここまでが、ありきたりの道三伝である。ところが司馬遼太郎の小説『国盗り物語』では毛色の変わった人物を登場させる。その男、殺された父の仇と、道三の命をねらう利安の忘れがたみ、白雲法師である。

白雲は道三を追って、京の山崎屋に潜入するが、かえって道三のため捕らわる。その時、美濃へ尾張の織田信秀が攻め込んだという急報がとどく。道三は白雲とともに美濃へ飛び織田軍を撃退するというものである。

利安の子にあらず

明細記の斎藤系図を見ると、利安の子供に利賢という人物がいる（現在、利賢は利安の孫で、父は利国と考えられている）。明智光秀の重臣となった斎藤利三の父親。もっとわかりやすく言えば、徳川三代将軍、家光の乳母だった男まさりの女性、春日局のおじいさんに当たる人物である。この利賢のところに「父の仇道三を殺そうとしたが、土岐頼芸が許さなかった。それで白樫の家に、とじこもった」と書いてあった。白樫は現在の揖斐郡揖斐川町地内で、利安の領地。

結局、利安の息子は、父を殺されて腹を立てたが、主君の命令によって、道三に手を出すことができなかったわけである。なにしろ利三といい春日局といい、展型的な戦国の猛者《もさ》である。その父、祖父に当たる利賢も、相当に荒っぽい男であったらしい。それだけに、憤まんやるかたなく、領地に引っ込んだのでなかろうか。

このように、利安の血筋からは白雲を捜し出すことができなかった。しかし白雲は、意外なところから出てきた。明細記にある稲葉氏の系図に、はっきり白雲の存在が記されていた。その注釈に「俗に千人切りをなすという。池田郡小寺村、安国寺の地に住し、墓がある。白雲塚と呼ぶ」と、あった。小寺村は揖斐郡池田町小寺のことである。ここの安国寺に住んでいた白雲という男が、辻斬《ぎ》りよろしく、千人からの人を斬ったというのである。明細記の著者も巷説《こうせつ》で、このことを書いたのだろう。「俗にいう」と、ただし書きをつけている。

この話は、江戸時代の初期にはなかったのだろうか。『美濃国諸旧記』の著者は書いていない。ひょっとすると、聞きもらしたのかもしれない。

とにかく、利賢と白雲の話をミックスすると、小説の白雲像ができるわけである。しかし、安国寺の僧、白雲が衆生済度をやめて殺し屋稼業《かぎょう》に精出すあたり、小説としては格好の材料となる。大正末期、作家の下村悦夫も『悲願千人斬り』という題で、この白雲を取り上げている。そこでも、白雲がねらうのは道三である。

安国寺（岐阜県池田町）

ゆかりの地、安国寺

濃尾平野の真西に、舟底を見せたような、なだらかな尾根の山がある。池田山で山麓には涼雲寺、禅蔵寺、弓削《ゆげ》寺、平安寺など禅宗の古寺が、ずらりと並んでいる。その多くが、土岐氏をはじめ、戦国武将たちのゆかりの寺である。安国寺もその一つ。この寺は足利尊氏が後醍醐天皇の冥福《めいふく》を祈るため、各国に建てた寺の一つでもある。

境内に入った。金華山が真東に見える。その上に白銀に波うつ南アルプスや北アルプスの一部が横たわる。濃尾平野の展望には、もってこいの場所である。

案内の池田町の中川連社会教育主事が「足

利尊氏が建てたということで、戦前、この寺は肩身の狭い思いをしたそうです。そのため荒れてしまいました」と、気の毒そうに語った。

本堂の南に白雲塚、北の墓地に白雲の墓があった。白雲塚は高さ七十センチほどの人の形をしたような黒い自然石である。また墓は、宝篋印塔の基礎の部分と五輪塔を組み合わせている。おそらく寄せ集めて積んだものだろう。

千人斬りは道三以降

地元の伝説によると、白雲は毎夜、井ノ口（岐阜市）の里へ出かけ、辻斬りをしたという。ここから岐阜まで直線距離にして約二十一キロメートル。連日、通い続けるには、よほどの体力が必要である。ところが、一説によると、彼は現在の巣南町（瑞穂市）十七条の住人だったという（『美濃古代人物誌』）。同地から岐阜まで約十一キロメートル。まだ通いやすい。

江戸中期の元禄年間にできた『稲葉氏由緒答問録』によると、安国寺には白雲塚、竺《じく》雲塚の二基があり、いずれも石塔とか五輪塔というものはないと、記している。すると、現在ある墓は、その後、設けられたものなのだろうか。

下八幡村（池田町）の総左衛門という男が、殺された父の仇を取るため白雲をねらっていた。ある時、白雲が駕籠《かご》で出かけた。そこをバッサリやった。白雲は眉間《みけん》に重傷を負ったが、ひるまず総左衛門を殺した。傷は深く再起の見込みがないと知った白雲は傷口に手をかけ、頭の骨を引き離して死んだ。こんな話も答問録に紹介されている。

これから推察すると、白雲は気の強い豪傑《ごうけつ》肌の男であったことがわかる。系図によると、坊主上がりで豪傑だった稲葉家の祖塩塵の六男である。土岐、斎藤、織田、豊臣の四代に仕えた武将、一鉄の叔父に当たる。頭がい骨を引き離して死ぬといった豪快な死に方をしたのも、当然かもしれない。

答問録にあるような死に方や、位牌の没年が事実とすれば、千人斬りをしたのは道三時代以降のことではなかったろうか。彼の死んだ年、元亀三（一五七二）年は、信長が延暦寺を焼き討ちにした翌年。大軍をもって浅井氏を攻めていた年であった。

なぞの枝広館

出水は天文四年か？

土岐頼芸は、道三の働きによって兄の政頼を革手城（現在は土岐氏が永正六年に長良川の北、岐阜市福光に拠点を移したと考えられている）から追い出すことができた。そして鷺山城（同市鷺山）から革手城に移り、第十一代の美濃国の守護職となった。

革手城は、代々、土岐家の総領が住む城である。ここに居住することが、守護職であることを象徴していた。この城の主になることを望む人たちにより、船田合戦はじめ再三にわたる内紛があり、たくさんな人命が失われた。頼芸も、多くの人の犠牲によって、この城に入ることができた。それなのに彼は、在城五年にしてシンボルの城を捨てた。枝広の館（同市長良地区）に移ったためである。これは、天文元（一五三二）年のこととされている。

なぜ、頼芸は革手城から枝広の館へ移ったのだろうか。革手城を出たこと自体が、自分の地位を否定することにつながりはしないだろうか。

道三が美濃の政治を自由に切り回すため、じゃまな頼芸を枝広に移したというのが、一般的な見方のようである。だが道三は、長井新九郎と名乗る身分になったものの、まだ長井長弘だとか斎藤利隆らが健在であった(長弘は天文二年、利隆は同七年没)。もし道三に、じゃまな人物があったとすれば、それは頼芸より土岐家の重臣たちだったはずである。

頼芸は枝広の館に二年ないし三年ほど住んだだけで、大桑城に移った。館が流出したからである。この時の出水を「枝広の洪水」と呼び、天文三年九月のことだと、一般に言われており、ほとんどの書物がこれに従っている。

異説もある。翌年二月十四日の出水(『厳助往年記』)の際だとか、同年七月一日の出水(『仁岫録』)の時という説である。二月十四日の大出水は、太陽暦に慣らされている私たちには冬季のことなので納得できない。これは太陰暦だからである。この日を太陽暦にすると、三月二十八日になる。すると融雪期の出水だろう。この出水の記録に枝広という地名が、また七月出水には福光の地名が、それぞれ出てくる。うち七月には土岐家の家臣、斎藤利兼の奥方も水死している。このようなことから、歴史学者土岐琴川は、枝広洪水は天文四年のことと推定した（現在の定説になっている）。

館の所在地に四説

枝広の館は長良地区のどこかにあった。延宝二（一六七四）年、長良の商人、中島両以の書いたメモ（『中島両以記文』）によると「百四、五十年前の枝広洪水という出水で、福光の家々が流れた。お屋敷も被害を受けるなど、多くの犠牲者も出た。そこで大桑村に城をこしらへて引っ越した」とある。お屋敷つまり枝広館は、長良福光地内らしいということだけは想像される。

崇福寺（岐阜市崇福寺町）の東海恵遠住職に聞いた。「寺は枝広館以前から、現在地にあった。館は寺の南東、湊町の十八楼付近では……」。また岐阜市立図書館の小川弘一館長は「蝉地内でなかろうか」。吉岡勲岐阜市金華小学校長は「岐大教育学部の構内だね」。ちょっと聞いただけで、ざっとこんな具合。整理すると①崇福寺付近、②湊町付近、③蝉地内、④岐阜大学教育学部（長良公園）の四本建てとなった。うち①は、よく言われている説だが崇福寺を除き比較的土地が低い。それだけに水害を受けることも多い。しかし、両以記文には付近二カ所に土岐殿の息子の屋敷があったとする。その屋敷を枝広館と考えれば納得できる。②は長良川の乱流地域内ということで問題が残る。③の場合、鷺山城にも近い。また稲葉山城と大桑城を結ぶ古道、伊自良街道も走っている。それに蝉の地名は織田信長が岐阜在城時代、ここにセミナリオ（神学校）を設けた。それがセミ（蝉）の地名になって残ったとの言い伝えもあり、戦国のころから栄えた所らしい。昭和の初めまで屋敷跡とも考えられる土居（土手）も残っていた。土地柄としては申し分ない所である。

注目したい岐大（長良公園）説

だが、注目したのは④であった。両以記文には「堀田村西の屋敷は土岐殿の隠居所」があったと、している。江戸初期のものとされる福光村（長良）の古絵図を見ると、堀田の西に、古城跡と記されたほぼ正方形の屋敷がある。そこには「城主、年暦あい知れ申さず」と、書き込まれているが、ここが、どうやら枝広館の公算が大きいと思った。現在の地図にあてはめると、岐阜大学教育学部構内（長良公園）になる。同学部の所在地が長良城之内である。ここに城、つまり、だれかの館があったため生まれた地名である。

長良公園（岐阜市）

この辺り、長良川の右岸沿いでは土地も高い。大学の敷地からは弥生式土器も出るし、付近には八世紀ごろの寺院跡もある。さらに関心をひくのは『濃陽志略』が「福光村の東北に古城があり、堀の跡が残っている。だれが住んでいたのかわからないが、村の老人たちは枝広左衛門尉がいたと言っている」と、書いていることである。

『美濃国諸旧記』には土岐の一族、福光氏が代々、福光の城主であったとしている。この福光氏が館の所在地の地名をとり、枝広を名乗った。それが、いつの時代か廃城となり頼芸の時代に再建、彼のつかの間の居館となったのであるまいか。

教育学部正門の西寄りに、一本の道路が南北に走っている。昔からの道だという。この道に沿って土居らしいものがあったという。現地へ行ってみたが、それらしいものは見られなかった。事務局で聞いてみたが、記憶している人はいなかった。

ここから金華山は、真南に見えた。すぐ東は雄総丘陵、北は松籟団地を隔て百々ヶ峰がそびえる。今は都市化の洗礼を受け、周囲にどんどん住宅が建ち始めているが、戦前までは学内までキジやヤマドリが飛んできたという、静かな場所だったらしい。

枝広の意味

大学構内をうろうろしていて、この辺りを枝広と呼んだ意味を悟った。

エダヒロはエドヒロが変化した言葉ではないかと、思ったからである。これは川沿いにある山地への入り口で、広い場所といった意味である。長良川は南約五百メートルのところを流れる。現在の堤防から北には、条里の遺構らしいものが広く残っている。その分布からみると、この付近では長良川の河道は安定し現在のところを流れていたらしい。このことは、水害の少ないことを意味する。地名から考えても、また水害が少ないという立地条件からみても、崇福寺かいわいに比べ、ずっと条件がよい。頼芸の居た枝広の館は、この辺りに違いないと思った。

岐阜市雄総の護国之寺から「土岐鷹《たか》」の絵が十二幅も見つかっている（現在は頼芸の時代より新しいと考えられている）。

道三と稲葉山城

道三の開いた町で

ある時、推理作家の西村京太郎を案内して、古い岐阜の町を見て歩いたことがある。その時、中大桑町、上大久和町筋で「古い家並みの街はどこにでもあるが、この辺りのたたずまいは、金華山を背景にしているだけにすばらしい」と、西村が、しばらく立ち止まった。押しかぶさるような金華山の緑が街角に照り映えるように輝いていた。

金華（岐阜）小学校から東に伸び金華山へ突き当たる両町と益屋町などを含めた町筋は、その南矢島町から東へ走る本町通とともに岐阜市では最も古い街である。現在の岐阜市街は、この二本の通りを軸にできたのである。これをつくったのが斎藤道三である。

本町通は商店街化したため、新しい雰囲気の目立つ町筋になった。大桑・大久和町の通りは、磨き抜かれた格子の出窓を持つ家の多いこと、白壁の土蔵、塗ごめづくりの家や、〝うだつ〟を上げる家のあることなど、岐阜町時代の面影をよく残している。一軒、一軒、丹念《たんねん》に見ていると、時間の過ぎるのを忘れてしまう。

十七世紀の後半、長良の豪商、中島両以によって記された『中島両以記文』は、道三の井ノ口（岐阜市の前身）都市計画を知ることができる唯一の資料である。これによると、大桑町筋は山県郡高富町大桑から町人たちを呼び寄せてつくった町で、当初は百曲がり通といったらしい。本町筋は井ノ口の百姓たちを住まわせたもので、七曲がり通と呼んだそうである。

道三は、さらに美江寺観音を本巣郡巣南町（瑞穂市）の地から現在地へ。また厚見郡の総氏神、伊奈波神社を、丸山（岐阜公園）から現在地へ、それぞれ移している。

軍事・経済上の要地

井ノ口の里は、金華山の西麓にあり、山と長良川に挟まれた寒村だった。東から東南にかけて山があるため、日当たりも十分でない。灌漑《かんがい》用水の便も悪い。濃尾平野とその周辺地区の耕地としては、まずCクラス程度の土地柄だったらしい。

だが、農業はともかく、経済的、軍事的には十分利用できると、道三は目をつけた。経済的、それは長良川の舟運による流域地方の物資の集散である。特に上流地方には美濃紙や美濃茶、関の刀鍛冶など特産物が多くあるのが強みだった。

軍事的には、いわずと知れた金華山の天険である。長良川も自然の堀として役立つ。巣南町から誘致した美江寺観音は、町の西南、総構え（町を囲む土手）の外に敷地を与えた。当時は観音信仰の盛んだった時代である。集まった参詣《さんけい》客を目当てに市を開けば経済的にもプラスになる。また、井ノ口の町としては、この方面の防衛力が一番弱い。だから戦争になれば城の出丸的な役割を受け持たせた。そんな意味から、寺の位置を意識的に総構えの外に置いたのだろう。

厚見郡の総氏神、伊奈波神社を井ノ口谷の現在地に移したのは、鎮座地、丸山を城として利用するためである。このようにして、道三は町づくり城づくりを、着々と実行していった。

持っていた実力

道三が斎藤家代々の砦、稲葉山城の改修に乗り出したのは、天文八（一五三九）年のことといわれている。その前年、斎藤宗家の主、利良が死んだので、道三が家名を継ぐことになったという。斎藤姓になってわずか二年目に、伊奈波神社を他へ移し、その後を城にしたのである。さらに、土岐家の当主頼芸のいる大桑城下から商人を呼び寄せ、井ノ口の町づくりに協力させる。いったい、こんな強引なことが、斎藤姓を名乗ったばかりの道三にできただろうか。

疑問は、まだある。天文八年十二月、美江寺観音に対して出した禁制などもそうである。これは観音を巣南町から現在地へ勧請した際か、また勧請前、つまり巣南町にあった時代に出したものか、さっぱり理解ができないしろものである（寺伝によると、移転は天文十八年としている）。

当時、巣南町辺りの領主和田高行は、頼芸派の武将だった。道三とは対立関係にあったらしく、彼が頼芸を尾張に追い出す（天文十一年）と同時に、和田氏を滅ぼしている。だから和田氏がまだ健在であった天文八年の段階で、美江寺観音を稲葉山城下へ移すことは難しかったはずである。また寺の立場を保証する禁制を、領主和田氏をさしおいて与えることも、できなかったのでなかろうか。

そうなると、美江寺の禁制は偽物なのか。

そんな視点に立って、美江寺の禁制を眺めると、当時の道三の立場が、ぼんやりながらわかってくる。つまり和田氏の存在を無視して、美江寺に禁制を与えるだけの実力を天文八年の段階で備えていたことが推定されるのである。この実力のほどが、大桑から商人を井ノ口の里へ呼び寄せる行為となって現れたり、由緒のある伊奈波神社を築城という名目で移転させることになったのであるまいか。

北麓を長良川が洗う

全山、古生層の赤茶けた岩山からなる稲葉山塊。主峰金華山やそれを取り巻く瑞龍寺山などをうまく組み合わせれば、守るに易く攻めるに難い城づくりができよう。織田信長がその城づくりを完成したというが、やはり町づくり同様に、その基礎を置いたのが道三であった。

しかし、道三の城づくりについては、詳しい記録が残されていない。ただ『中島両以記文』の「嶺に家作り、いろいろ要害をこしらえ」と、記しているのみである。この嶺というのが伊奈波神社があった丸山のことを指す。すると道三の城づくりは丸山が中心になったのではなかろうか。岐阜県の歴史に明るい吉岡勲岐阜市金華小学校長の意見は、『中島両以記文』は、因幡山（金華山）と嶺を、はっきり書き分けている。嶺の伊奈波神社を移し、その嶺に城づくりしたとしか考えられない。町づくりは山の西麓とし、嶺の麓でない。実際に道三のつくった二本の町

丸山にある烏帽子岩（岐阜市）

筋は丸山の麓でなく、金華山の麓であった。考えてみれば、金華山の山頂は望楼的役割のほか、平時はさほど用のないところである。丸山中心の城づくりのほうが、どれだけ現実的であるかわからない。

その丸山。標高八十メートルほどの小さな丘で、金華山とは尾根続きになっている。登ってみると傾斜が意外に急で、城づくりにはもってこい。北麓を当時、乱流していた長良川が洗っていたようだから、なおさらのことである。明応五（一四九六）年の船田合戦のとき、ここに城田寺（岐阜市）攻撃軍の本部が設けられ、狼煙《のろし》をあげて攻撃開始をしたという。古くから軍事的な利用価値を認められた山だったわけである。

今では、散歩道が雑木林の間を走っているだけである。ここまでくると、岐阜公園の雑踏も、ほとんど苦にならない。山頂近くの平地に高さ約二メートルの大きな岩が、ぽつんと立っていた。「烏帽子《えぼし》岩」と呼び、かつて伊奈波神社のご神体だったという。美濃の天地に、日の出の勢いで伸《の》し上がっていった道三でも、この神体石だけは移すことができなかったのである。

大桑の頼芸

ぐうたらな殿様か？

『美濃国諸旧記』に頼芸のことが「行跡正しからず、酒宴に長じ、乱舞遊興を好まるる」と記されている。この頼芸が革手城（岐阜市下川手）から枝広の館（同市長良）へ移り、最後に大桑の城（山県市高富町大桑）に引っ込んだのは、天文四（一五三五）年以降のことと、いわれている。

また、大桑へ引っ越した理由は、道三が美濃の実権を握るのに、頼芸がいてはじゃまだから、うまく言いくるめて大桑へ移したとされている。話の筋がうまくでき過ぎているが『土岐斎藤軍記』などには、このあと道三が革手の城にいて政務を見た。大桑への道は政治的な用向きの人間をすべてシャットアウトしたとしている。

美濃の守護職といっても、国政にタッチしないということは、美濃の支配体制から完全に浮き上がることを意味する。そうなったころ、道三が頼芸を追い出した。もっとも、このようにするため、手をもぎ、足をもがねばならない。道三は頼芸の弟たちを退けたり、暗殺したりして、その日の来るのを待ち続けたと、今まで記されてきた道三伝の多くが、このような内容になっている。

ところが果たして頼芸は、政治関係の仕事を一切放棄して、大桑の山奥で遊興三昧にふけっていたのだろうか。

頼芸はある程度、国政を見ていたらしい。国政といっても、現在の知事のように各種の産業振興はいうにおよばず、福祉厚生、教育、土木面にまで、掌握する忙しい仕事とは違っていた。税の徴収、訴訟、治安維持などが重要な任務で、あとは家臣団をいかにうまく統率するかぐらいだったらしい。

頼芸を強く意識

岐阜県内に頼芸の書いた手紙や禁制など、頼芸を考えるうえで一番正確な資料となるものが九点（写しを含む）あり、それが『岐阜県史史料編　古代・中世一』に紹介されている。うち年号のはっきりするのは六点しかない。

それは①常在寺（岐阜市梶川町）へ享禄二（一五二七）年に出した禁制、②③龍徳寺（揖斐郡池田町）に天文五年に出した禁制とその案文、④阿願寺（岐阜市東島）に天文九年に出した安堵《ど》状、⑤岩手四郎に天文十年に出した書状、⑥同人に天文十三年に出した書状である。

これらのうち②から⑥までが、大桑時代に出されたことになる。禁制を出したり、安堵状を出すのは、相手の立場を保証するということである。だから、よほどの実力者でないと出せないのである。

特に④の阿願寺に出した寺領相続などを保証する安堵状は、頼芸の地位を考えるうえで注目してよいものである。寺の所在地は、道三のお膝《ひざ》元に近い。それに、前年の天文八年、道三は美江寺へ禁制を出したり、稲葉山城の改修工事に着手するなど、めきめきと頭をもち上げ出した時代である。そんな時④の文書が書かれたのである。大桑の山奥にいた頼芸の権威は、まだ保たれていたことがわかる。

この文書には、同じ日付けの添え状がついている。その筆者が道三ならともかく、斎藤利隆の子とされる利茂が出しているのである。道三は天文七年に斎藤宗家を継いだことになっているが、この添え状で見る限り、斎藤一族から無視されているような立場にあることがうかがえる。

また⑤の不破郡岩手（垂井町）の豪族、岩手四郎に出した書状でも、頼芸は岩手一族の自分に対する忠誠心をほめている。

このほか、天文四年七月、美濃守護に朝廷から蘭奢待《らんじゃたい》を下賜されている。美濃守護というから、頼芸のことである。蘭奢待は正倉院に伝わる香木。足利義満や織田信長ら数人が切っただけという天下の名香である。この小片を受けたのだから朝廷に対し、よほどの献金だとか、功労のあったことが推定される。

一方、頼芸の大桑時代、道三の出した禁制は美江寺（岐阜市）と龍徳寺の二通しか残っていない。そのほかには、本巣郡の豪族に宛てた知行宛行《あてがい》状があるのみである。

頼芸、道三とも、相当数の資料が現在までに失われている。残った資料から、確実に両者の力の比重を知ることはできないが、この時代、頼芸の力はまだまだ衰えていなかったといえる。道三が新九郎を名乗っていた時代（天文七年以前）大桑へ「出頭」したことを知らせる手紙（「鷲見文書」）が残っているのでもわかる。

大桑城登り口（岐阜県山県市）

道三としては、頼芸を強く意識していたらしい。そのため革手城にいるより、稲葉山の城づくりを行って、大桑に対し備えを固くしたのだろう。築城開始時期が天文八年で、左近大夫を名乗った時期であることからもうなずける。そして同十一年八月、一万余の大軍（『美濃国諸旧記』）を率いて、大桑城を攻め、頼芸を美濃から追放するのである（現在は二十一年と考えられている）。道三は頼芸の力を高く評価していたため、このような大軍出動となったのであるまいか。

屋敷は南泉寺の地

頼芸が住んでいたという大桑城跡（山県

市）は大桑の北、古城山（金鶏山）にある。付近の山々のうちではきわだって高く、標高四百七メートル。とても険しくて、案内人なしでは登るのが難しいそうだ。麓《ふもと》には越前兵が掘ったという越前堀の跡、戦死者の遺体を葬った六万墓、首を埋めた千人塚など合戦を物語る場所がいくつもあった。

「頼芸の屋敷はどの辺で……」

「ああ、土岐様の屋敷か、あれは南泉寺だと聞いているが……」

近くの民家で聞いた言葉を頼りに、南泉寺に出かけた。竜宮城を思わせるような山門が印象的だ。

土岐瑞鳳住職の話でも、寺の屋敷は「南の第」と呼ばれ、大桑城の居館跡だったという。いざ合戦というときだけ、ここから一キロメートル余り北の大桑城に入ったそうだ。「城は山が険しいだけで、水もなく、籠城《ろうじょう》には向きませんよ。あそこへ籠城の時は、もうあかんというときですな……」と、住職は笑った。

頼芸は、この日当たりの良い南の第から、どんな気持ちで道三の行動を見つめていたのだろうか。古城山の頂上に登ると、金華山が真南に見えるという。「にくき道三め……」

ところから彼は井ノ口の空をのぞみながら、歯ぎしりをしたかもしれない。

里人たちが「お天守」と呼ぶ山頂には、土岐神社の小さな祠《ほこら》と「土岐頼芸城跡」の石碑が立っている。石碑は昭和十五（一九四〇）年に、頼芸の子孫に当たる人が建立したものである。そこに頼芸のことが「御屋形として国人に崇敬せらる」と刻み込んであるそうだ。

再度の大桑時代

天文十一年、頼芸は道三に美濃を追い出され、尾張の織田氏を頼って落ちた。その後、道三が織田家と和睦《わぼく》したので、頼芸は揖斐城（揖斐郡揖斐川町）へ入ることができた。さらに頼芸は織田、越前朝倉両氏の同盟をバックに、再び大桑城に帰ってきた。また彼に追放された兄、政頼（十代守護職）の子頼純も、仲直りして大桑城に戻っていたようである。

この辺のことは、はっきりしないが、頼純が再び家を継ぎ、彼の病死（一説には道三と戦い戦死）後、頼芸が相続したといった見方が、『仁岫録』から考えられるそうだ。同十六年、再び道三に攻められ追われる身となるが、その後、もう一度、大桑に帰ることができたらしい。

桂地区から見る揖斐城跡（岐阜県揖斐川町）

土岐守護家の歴史は、第一回の没落、同十一年でピリオドを打ったとされる。だが、同十三年と推定される岩手四郎に宛てた頼芸の書状（八月九日付）には、四郎に近江との話し合いを進めよとか、斎藤左近大夫（道三）にも、そのむね堅く申し付けたと、記している。この時点で、まだ道三に命令するだけの実権があったのだろうか。それとも、道三のほうが対織田、朝倉政策の一環として、また土岐家臣団をうまくあやつるため、適当に頼芸をもち上げていたのだろうか。

多くのなぞを投げかける手紙である。

頼芸派の武将たち

揖斐は土岐の拠点

揖斐五郎は、土岐十一代目の守護職頼芸の弟に当たり、光親と名乗った。その次の弟、鷲巣六郎光敦とともに、反道三派の中心人物として活躍した。

土岐氏が東濃から濃尾平野に進出すると、まず京都に近く、また農業生産力の高い揖斐郡地方に目をつけ、そこにどっかり根をおろした。越美山脈と伊吹山脈が直角に交わる扇の要に当たる地点に、西濃土岐氏の本城小島城（揖斐郡揖斐川町）や支城、揖斐城（同町）本郷城（同郡池田町）などが築かれ、繁栄の拠点となった。その後、小島城は交通の便が悪く廃《すた》れていくが、それに反比例して揖斐城の軍事的、政治的な地位は高まっていく。名実ともに西濃での土岐氏の中心になった。

そこの城主で、まさに倒れようとしている〝土岐家〟という巨木を、必死に支えていたのが光親であった。

反道三派は西濃に

『美濃国諸旧記』によると、〝国盗り〟の野心に燃えた道三が、一番煙たがっていたのは光親と頼芸の長男、頼秀だったという。この二人について、機会をとらえては頼芸に讒言《ざんげん》した。頼秀を遠ざけることに成功したものの、光親は、そう簡単にはいかなかったらしい。龍徳寺（揖斐郡池田町）に三通、光親の書状が残っている。うち天文五（一五三六）年のものは、兄頼芸の禁制に対する添え状である。年号はわからないが、同寺に対し守るべき法度を示したものもある。また、当時尾張領だった羽島市石田の豪族、毛利小三郎に宛てた出陣に関する手紙さえある。

『天文日記』の天文五年の条には、本願寺から土岐家中へ贈り物をしたことが記されている。そのウエートは①頼芸、②五郎光親、③六郎光敦、④斎藤帯刀左衛門、⑤斎藤宗雄、⑥道三、⑦斎藤利賢（利安の孫）の順。この時点では道三の土岐家内における地位はさほど高くないが、光親、光敦は守護職の弟というわけで、その地位も高い。

このような背景のもとに光親を考える場合、道三が光親をいかに煙たがったかが、わかるような気がする。

また、大桑城(山県市高富町)にいた頼芸は、道三のため攻められ、美濃から追い出される。その時「一大事」とばかり駆け付けた光親ら武将たちの所在地を『美濃明細記』から推定すると、本巣郡七、岐阜市川北（旧方県郡）と揖斐郡各四、安八郡三、山県郡、恵那郡その他で、逆に寄せ手の道三方は安八郡四、揖斐郡、岐阜市南部（旧厚見郡）各三、本巣郡、武儀郡その他といった数字が出た。

『美濃明細記』の記事そのものに、どれだけ信用がおけるかどうか。また道三方が圧倒的に多い、妥当な推定でないなどの欠点もあり、両派の正確な勢力圏を知ることは無理かもしれない。しかし、一つの目安として考えることができよう。すると、本巣郡や揖斐郡の山沿い地方や岐阜北部地方に、反道三派の密度が濃かったように考えられる。

そのため天文十一、十六両年の二回にわたる揖斐城攻め。同十一年の十六条城（瑞穂市）落城による城主、和田高行の戦死。同十六年、相羽城（揖斐郡大野町）の落城、城主、長屋景興父子の戦死など、道三による頼芸の手足をもぎ取る作戦が西濃地方を中心に展開されるのである。

光親は悲劇の武将

光親は道三体制の前に立ちはだかり、とことんまで闘ってきたが、その割には、どんな人物だったかがはっきりしない。「智謀武勇の将」とか「仁義正しき勇士」などといった月並みな紹介が、『美濃国諸旧記』にある程度である。だが、龍徳寺などに残された手紙を見ると、なかなかの筆跡。もし筆跡がその人を現しているということであれば、よほどの人物だったといえよう。

その晩年も、わからない。『美濃明細記』は弟光敦の領地、鷺巣（養老郡養老町）で、『濃陽諸士伝記』は一時、尾張にいたが帰国後、宇田（岐阜市網代）で、それぞれ死んだと述べているが、永禄三（一五六〇）年の時点で越前の朝倉氏のもとに身を寄せていたことが確認できる。

『天文日記』に、道三の前にランク付けされている斎藤宗雄も、打倒道三の急先鋒《せんぽう》だった。彼の場合、天文五年の秋、すでに近江の六角氏、越前の朝倉氏などの応援を求めて、本巣郡穂積町（瑞穂市）辺りで道三と戦っている。

とにかく、頼芸派はジリ貧になっていくのであるが、それでも頼芸は道三に三回美濃を追い出され、うち二回は帰国できた。これは六角、朝倉両氏のほか、尾張の織田氏などの強いバック・アップがあったからである。それを動かしたのが、光親だとか宗雄たちでなかったろうか。

また家柄の古さ、格式の高さを誇る稲葉、伊賀、氏家、不破氏ら西濃の豪族たちも、時によっては打倒道三の行動に参加したらしい。天文十三年には、これらの豪族たちが織田、朝倉の応援を受けて「道三退治」の合戦を行ったと、諸旧記にある。

「道三の行いは前代未聞のことで、無道なうえ義理を知らず、みんなの笑いものになっている。今後は、絶対にこのようなことはしないと、道三に誓約させた」と、稲葉良通（一鉄）ら前記四氏が連署、頼芸の帰国を求めている手紙がある（「村山文書」）。これでも、一部豪族たちの道三に対する反感のほどが知られる。

城の大手は北側に

「揖斐川町では、元旦の日だけは門を閉めて、ひっそりと過ごす習わしになっています。揖斐城が元旦の日に落城したので、それをいたむためです」

揖斐川町上新町の木村善一は語る。揖斐川町民たちは、光親のことは忘れても、町のシンボルであったお城の落城の日だけは、決して忘れることができないのである。この落城、天文十七年の元旦らしい。

揖斐城は、市街地の北側にそびえる城台山の山頂付近にある。南が裏側だというから大部分の町民たちは、お城の背中を眺めてきたわけである。

「山頂の平坦部が本丸跡、その右手の小高いところが物見台」城跡のことは、すみずみまで知っているという木村である。戸板に水を流すようにスラスラと説明する。「本丸すぐ下の谷にわき水があり、五郎光親も飲んだのでしょう」

戦国時代、揖斐川は城台山の南側山裾を流れていたという。すると、城にとり自然の堀となったわけである。そのうえ山も険しい。なかなかの要害で、道三にとり〝目の上のコブ〟であったことだろう。

武家屋敷の跡があるという桂集落の竹林の中に、それらしい所があった。古井戸もある。林の奥に大きな山石を使った石垣が、半ば崩れたまま残っていた。城台山麓には、どうやら多くの戦国史跡が眠っているらしい。

頼秀と頼次

頼芸の長男、頼秀も、反道三派の重要な一人だった。その人柄は「生質さとく伯父の政頼に姿心とも似ており、立派な器量で、国中無双の美男子」であったと記されている。政頼は頼芸の兄で十代の守護職。道三のため追われたが、早くから彼を危険人物視して、退けるよう主張していた。

頼秀も叔父の光親と同一歩調をとって、土岐家の相続人という地位を奪われた。お守役の村山氏が助け、鶉飼山城(岐阜市御望)で道三と戦って敗れ越前に脱出する。『美濃明細記』によると天文十一年の大桑落城のとき駆け付け、父のために大活躍をしたという。

頼次(頼師)は、兄の頼秀の跡を継いで土岐家の相続人になった人物。父とともに美濃を捨てたあと、明智光秀の客分になっていたと、『美濃国諸旧記』は記す。

「村山文書」によると、織田信秀の一族、与十郎が頼次に宛てて「あなたの身の上については道三も承知している。委細は稲葉一鉄が差し図してくれる」といった手紙を出している。これは第二次大桑落城の翌年のものらしい。彼が父とともに美濃に戻ったことを示す史料である。

頼芸、美濃を追われる

頼芸の読み方は

土岐家最後の守護、頼芸の読み方は『国盗り物語』では「ヨリアキ」とある。しかし、書物によって、研究者によって読み方が違うのだからややこしい。「ヨリトキ」「ヨリヨシ」など、いくらでもある。秀吉、信長研究でユニークな見解を発表している鈴木良一の著書では「ヨリナリ」となっている。

中世史が専門の中野効四郎岐阜大学名誉教授は「決定版はありませんね。私はライゲイですが、強いて訓読みをということになればヨリノリですな……」といった返事だった。十五世紀の初めの飛騨国司に、姉小路尹綱という人物がいる。飛騨地方最後の南朝勢力として玉砕したが、この人の名前も「マサツナ」「タダツナ」「コレツナ」などさまざまな読み方がなされている。

このように、昔の人の名前は、正確な読み方のわからないのが多い。『御湯殿上日記《おゆどののうえのにっき》』

土岐頼芸の墓が移された法雲寺（岐阜県揖斐川町）

など、平がな書きの史料に記録されている人物のみ、当時の読み方がわかる程度である。

「トキサマ」の墓で

頼芸の墓を尋ねて、揖斐郡谷汲村（揖斐川町）岐礼へやってきた。ここでは「ライゲイ」はもちろん「ヨリノリ」も「ヨリアキ」も通じなかった。三差路にあった八百屋のおかみが「ああ、トキサマのお墓ですか……」というわけで、やっとのことで私の質問内容を納得してくれた。

この辺りは静寂そのものだった。「土岐頼芸公の墓」と記した白ペンキ塗りの木柱が目についた。そこに、自然石の墓があった。高さ一メートルくらい。文字の刻み具合などからみて、そう古いものではない。この墓の前に、宝篋印塔の塔身と、基礎の部分が置かれていた。これが、建て直し前の墓でなかったろうか。

近くの長谷川宇兵衛の話によると明治二十四（一八九一）年の濃尾地震のとき、この辺りが山抜けして埋まったという。頼芸の墓も、その時、散逸したのでなかろうか。

左側に山本数馬夫妻、高橋但馬守の墓が並んでいた。いずれも新しい切り石製。薄幸の旧主を見守るように配置されていた。

同地区の禅寺、法雲寺鈴木康安住職は頼芸は墓のすぐ下の台地に館を建ててもらい、晩年を過ごしたと語る。

芸術家肌の男

『国盗り物語』のストーリーによると頼芸は、まことに、だらしのない人物である。鎌倉時代から続く土岐源氏十一代目の棟梁として、また美濃の太守としての自覚が全くないのである。新参者の斎藤道三の口車に、まんまと乗せられ、彼の都合のよいように動かされる。いわば、ロボット的存在だった。ただ、絵が上手で、歌や踊りが好きだったという芸術家肌の男として描かれている。

史実は、どうなのか。残念ながら、それを否定する材料はないようだ。滅びゆく土岐家を同情的に記している。『美濃国諸旧記』でも「この人は兄の政頼と違い、行ないも悪く酒盛りが好きで遊興を好まれ、庄五郎（道三）ごとき者を愛した」と、あるくらい。

だが、取り得はあった。それは絵画に巧みであったことだ。『美濃明細記』の土岐家の系図をみると、五代目の当主、頼忠の項に「鷹一流相伝」と書き込まれている。鷹の絵の画法を伝えたという記録である。この頼忠の血筋の人に、すぐれた鷹の絵を描く人物が続出したらしく、「土岐の鷹」として当時、有名だった。頼芸も、その血脈の一人である。立派な鷹の絵を描いた。

私はある年、山県郡高富町（山県市）大桑の南泉寺で、頼芸の描いた「鷹の図」を拝見した。

「これが土岐富景の鷹です」。土岐瑞邦住職が、別の絵を見せられた。それも立派なものであった。この富景は京都・相国寺の画僧、周文の画法を学び、山水、人物、花鳥画に巧

「鷹の図」（南泉寺所蔵）

みだったと、伝えられる。洞文という画家も、土岐家から出ている。この二人は、いずれも同一人物で、頼芸その人でないかと、推定されている。また当時の記録に「美濃太守能画」といったものもある。

望郷の思いつのる

道三に追われ、国を出てから三十五年目に頼芸は帰ってきた。彼にとり故郷は〝遠くにありて思うもの〟でなく、すぐにでも飛んで帰りたいところであった。

「長良の鮎ずしなどを送っていただき、ふるさとなつかしく昔を思い出しました。私は目が悪くなり、日ごとに弱っております……宗芸」

こんな内容の手紙の写しが、山県郡高富町（山県市）の村山清臣家に保存されている。宗芸は頼芸の号。彼が千葉県にいた一族を頼って同地にいたころ、息子の小次郎頼秀に宛てて出したものである。簡潔な文章であるが、行間に望郷の念がにじみ出ている。

頼芸を呼び寄せたのは、かつての家臣で清水城主（揖斐郡揖斐川町）の稲葉一鉄。尾羽打ち枯らし、盲目になった頼芸のため、この地に館を建て老後を送らせた。「生涯のうちには不義、不仁のことども多かり」と、『美濃国諸旧記』は、一鉄を厳しく批判している。しかし旧主を養ったこの行為については、ほめている。もっとも一鉄の娘が小次郎の妻であったというから、当然のこととも言えよう。一説によると、武田家が滅びたとき、目の不自由な頼芸が甲府の焼け跡でうろついていた。信長がかわいそうに思い、一鉄に養わせたという。

いずれにせよ、頼芸の末路はあわれだった。岐礼の里に落ちついて五カ月ほどで病死した。八十二歳だった。時に天正十（一五八二）年十二月四日。信長は本能寺で倒れ、この世の人でなかった。

頼芸の生涯

頼芸は文亀元（一五〇一）年土岐九代目の守護、政房の二男として生まれた。十九歳で鷺山城主のとき斎藤道三の助けで兄、政頼を追い出し美濃の守護となった。

天文十一（一五四二）年、大桑城にいた頼芸は道三に攻められ織田信秀を頼って尾張（愛知県）へ落ちた。同十六年、斎藤、織田の和睦成立で頼芸は揖斐城、政頼は大桑城に帰ることができた。同年十一月、政頼の死により頼芸は大桑城に移ったが道三に攻撃され、同年末、近臣、山本数馬の領地、岐礼へ脱出。そこから越前（福井県）に逃げた。

頼みにしていた朝倉氏の援助が受けられないので、上総（千葉県）真理谷の土岐頼尚を頼り同地で半生を過ごしたという。

一説によると、頼芸の大桑城復帰は天文十七年で、その後、道三に追われ甲斐（山梨県）の武田氏に身を寄せたという（頼芸が最終的に道三から美濃を追われたのは天文二十一年で、それ以前に尾張に落ちのびたことがあるかについては、はっきりしない）。

第三章　道三、美濃を取る

織田信秀の美濃攻め

織田寛近の禁制

岐阜市西荘の立政寺。かつて浄土宗では、東海地方最高の格式を持つお寺として有名であった。永禄十一（一五六八）年、織田信長が美濃に招いた足利義昭のため宿舎として提供したのもこのお寺であった。ここは室町時代の古文書が数多く伝えられていることでも、知られている。その一つに織田寛近が天文十三（一五四四）年九月に出した禁制が、たくさんの古文書と一緒に、巻き物に仕立てられて残っていた。

「当方の軍勢がこの寺で乱暴ろうぜきをしたり陣地づくりをすることなどを厳禁する。違反者は厳罰にする」といった内容のものである。ここ西荘は、稲葉山から直線距離にして約六キロメートル。当時としては、完全に斎藤道三の勢力圏だった。そんな重要な地点へ道三の敵、尾張、織田氏の禁制が出されたのである。いったい、どうなっているんだと思われるが、これは、織田、朝倉の応援を受けた天文十三年、反道三派による「道三退治」

の戦いのおり、井ノ口の町に侵入、放火など大暴れした織田勢が、その陣地近くにあった立政寺に与えたものであると説明すれば、納得できよう。

立政寺の和尚さんが、織田勢が引き揚げるとこの禁制を片付け、また織田勢が来ると、あわてててこれを出し「軍隊、お断わり」をしたのだろう。

津島を背景に発展

ところで、この道三退治の合戦であるが、最終的には道三方の大勝で終わる。織田方は数百人が戦死し、さらに引き揚げる際、木曽川で三千人ばかりが溺《おぼ》れ死んだという。命からがら帰国、那古野城（現在の名古屋城三の丸付近にあったという）に入った信秀のところへ連歌師の宗牧が立ち寄った。その前年、信秀は皇居の修理費など多額の献金をしている。その時の礼を含めた非公式の訪問であった。

この時の信秀は、道三のためさんざんやられたのにもかかわらず、いたってほがらかだった。「美濃攻めが成功すれば、また修理費を献上しますわい……」と、敗けたそぶりを見せなかったと、宗牧は書き残している。

津島神社（愛知県津島市）

信秀は、天文十七年十一月にも大がかりな美濃攻めを行っているが、十分な成果が得られず、本気になって道三との和平を考え、その娘「帰蝶」を息子、信長の嫁にもらう。

この和平は、道三にとっても理由があった。信秀としても道三がこわくて手を結んだわけではなかった。当時、今川義元が三河の徳川氏と同盟、尾張の東部国境を睨《にら》んでいた。だから両面作戦を避けるための手段であったと考えられる。現に十七年になると信秀は三河へ出兵、今川方と戦っている。

信秀は、とにかく頼芸のめんどうをよくみている。彼が道三によって追い出されると、そのつど出兵、二度までも美濃へ帰すことに成功した。合戦では負けたが、頼芸派の豪族たちを動かすなど、内部工作をうまくやったらしい。

このように信秀は、精力的に出兵したり、多額な皇居の修理費や伊勢外宮の造営費を差し出すなど軍資金を派手に使い、気前の良いところを見せた。こんなことができたのは、彼の背後に津島(津島市)、熱田(名古屋市)という金の卵を生む二羽の鶏がいたからである。いずれも伊勢湾貿易によって栄えた港町であり、門前町でもあった。これらの町から上がる税金が、出兵の軍資金や皇居などへの献上金の財源になった。

道三の娘が信長のところへ嫁に行くとき、福富平左衛門という岐阜北部出身の武将が付き添って行った(『美濃国諸旧記』)。平左衛門は信長の家来になるが、永禄六年のこと彼が〝金竜のこうがい〟を盗まれた。疑いが藤吉郎(豊臣秀吉)にかかった。彼は無実を証明するため津島の質屋を調べ回り、犯人を見つけた(『甫庵太閤記』)。事実はともかく、津島の繁栄ぶりを物語るものである。

後年、近畿地方に進出した信長は、堺や大津、草津など商業都市の直轄地化を図る。父親が津島などの港をフル利用したのを見習ったといえよう。

体制維持の出兵か

織田家は尾張守護職、斯波氏の守護代。一族が尾張各地に広がっていた。信秀の家は傍系で清洲にいた守護代家の家来。信秀の代になると、めきめき売り出し勝幡城（愛知県稲沢市・愛西市）から那古野城、古渡城（名古屋市中区東別院付近）などに移り、尾張西部を押さえていた。そして一族を集めては美濃や三河へ出兵した。

立政寺に禁制を出した寛近は岩倉（岩倉市）の織田氏の一族。また天文十三年の稲葉山城攻めで戦死した因幡守は、信秀同様、清洲三奉行の一人であった。『信長公記』には「国中たのみ勢なされ、一カ月は美濃へ……」など一族を動員して合戦に出かける模様が記されている。

織田一族や尾張の諸豪族は、信秀に心服していたわけでも、ばらまかれる軍資金の魅力につられ出陣したわけでもなかった。自分たちの地位、所領を守り抜くには、今までの支配体制を維持しなければならない。美濃のように守護職の没落により、家臣団が動揺したり、滅亡に追い込まれることは、極力避けなければならない。そのためには、道三的人物は否定されるべきであるという。こんな考え方を持っていたのではあるまいか。そんなところへ頼芸が助けを求めてきた。土岐の家臣団からも出兵要請がきた。あわよくば、美濃の一角に織田の楔《くさび》を打ち込み、所領拡大のチャンスが到来したのである。〝それっ〟とばかり、織田一族の連合軍が美濃に侵入した。その頂点に、たまたま信秀がいただけということではなかったろうか。

織田勢の美濃出兵は、十五世紀の終わりの船田の乱以後、記録に出ていない。それが天文年間に活発化する。天文末年、頼芸は三度目美濃を追われるが、すでに信秀はなく、信長が一族と血みどろの死闘を展開していた。頼芸は「織田家、もはや頼むに足らず」と、あきらめたことだろう。

大垣城の攻防

大きかった大垣城の役割

戦国時代以降、幕末まで、大垣城の軍事的な価値は非常に大きかった。とりわけ慶長五（一六〇〇）年の関ケ原合戦では大きな役割を果たした。だが、『国盗り物語』の時代も

大垣城（岐阜県大垣市）

大垣城が果たした役割は、非常に大きい。これは関ケ原合戦の陰に隠れてしまい、パッとしないのである。当時の模様を直接に記した史料がないといった泣きどころもある。

斎藤道三はもちろん、土岐頼芸も織田信秀も、大垣城に大きな関心を持っていたことがうかがわれる。

西の防衛拠点に

当時、畿内地方と東日本を結ぶ主要路線に東山道と北陸道があった。もちろん、その利用価値は東山道のほうが高い。その東山道が関ケ原を越え、濃尾平野にさしかかったところに大垣城が、デンと腰をすえていた。美濃や尾張への交通の要地にあるため、この城は重要視されたのである。

道三と土岐一族の対立が表面化するのは、第一次頼芸追放の時、つまり天文十一（一五四二）年からである。これによって土岐家と濃い親戚関係にある近江の六角氏、また尾張の織田氏、越前の朝倉氏らを敵に回したことになる。そのため道三としては稲葉山城（岐阜市）を中心に、いくつかの防衛拠点を考えていたらしい。濃尾平野とその周辺地区で考えられるのが、稲葉山城と大垣城と祐向山城（本巣市）の三地点でなかったろうか。天文十二年、奈良・東大寺から大井荘（大垣市の旧市街）へ税の取り立てに来た寺役人たちが〝大ガキノ城〟と〝ユウコウノ城〟を往復している。これは「東大寺文書」にあるものだが、当時、祐向山城に道三派の大物がいたらしいことが推定される。

そこで、大垣城主はということになる。『美濃明細記』に宮川安定が天文四年に大垣城を築き、若森（大垣市若森町）から移ったとするが、その宮川の存在がクローズ・アップされるのである。

その宮川とは、どんな男であったろうか。「宮河という者が昨年戦死した。彼は長井新九郎の内者と縁続きで、新九郎の与力分である」とか、「宮河孫九郎の母は若森に在住」といったことが『天文日記』にあり、その一族の存在と地位がうかがわれるのである。宮河は宮川氏であるが、ひょっとしたら戦死した宮河氏は安定の兄弟だったかもしれない。新九郎は道三のこと。道三の正室か側室を通じ宮川氏が親類の関係にあることや、道三の協力者だったことがわかる。

宮川氏は、このような立場にあったため、道三にとり西の生命源であった大垣城をまかされたのでなかろうか。

大垣市草道島町の真宗西圓寺に、道三の手紙と安堵状がある。うち手紙は年号がないのでわからないが、なにか寺の関係で重大な問題があった。そこで道三が今後はおとなしくせよとしかりつけた内容のもので、「詳しいことは宮川吉左衛門尉が申すであろう」としている。この吉左衛門尉が安定である。当時、美濃の真宗で最高の寺格（触頭《ふれがしら》）を持っていた西圓寺に対し、安定は道三の代理として乗り込み、発言することができる力を持っていたのである。

新城主は織田播磨守

頼芸の第一次追放のあと、織田・斎藤両家の話し合いでもあったのだろうか、翌年の暮れには頼芸は揖斐城（揖斐郡揖斐川町）に入ることができたらしい（『天文日記』）。だが、頼芸や反道三派の武将たちを無視した道三派の目に余るような動きがあったのだろう。天文十三年八月には、織田、浅井連合軍による〝道三退治〟の合戦が展開される。この時、大垣城は織田の手に落ちたらしい。『信長公記』は「先年」という表現を使っているが、『美濃明細記』は、天文十三年としている。

信秀としては大垣城を押さえておけば、稲葉山城攻めの際、側面攻撃を受ける心配は少なくなり、また揖斐城など、反道三派の多い揖斐地方との連絡もスムーズになる。道三が稲葉山城から尾張進攻の軍隊を繰り出した場合、側面攻撃や、留守をねらって攻めることもできるのである。

大垣城の新しい主人は織田播磨守。信辰といった名前が伝えられているが、この人物、信秀の一族ということだけで詳しいことはわからない。前の城主、宮川安定は落城の時、戦死したのか、また若森か、一族がいたらしい上笠（大垣市上笠町）辺りに潜んだのだろうか。安定のことも不明である。

大垣城を信秀に奪われた道三としては、命が縮まるような思いだっただろう。なんとか回復したいといった願いから、始終、大垣城周辺に出兵、織田勢と小競り合いをしたらしい。天文十五年四月、井ノ口（岐阜の古名）の兵が西濃を侵し、領家（大垣市領家町）の実相院を焼いたといったような記録が残っていることからも知られる。だが、大垣城は、びくともしなかった。

再び道三の手に

天文十七年秋、織田軍は道三に対し大攻勢をかけたが、結果的には大打撃を受けて退く。「このチャンスを逃すな……」とばかり今度は道三が大垣城に対し、大がかりな攻撃を開始した。

信秀としては美濃での足場を確保するためには、大垣城を守り抜かなければならない。再び軍勢を繰り出し竹鼻（羽島市）に放火、茜部（岐阜市）に布陣して稲葉山城攻めのそぶりを見せた。

道三らは大垣攻めに出かけ、稲葉山城は留守部隊だけ。もし信秀が本当に攻撃する気持ちがあれば、放火などせず直接、井ノ口に突進しただろう。それをせず、わざわざ放火などしたのは、前の合戦での損害がひどく、正面きって戦っても勝算がなかったためでなかろうか。

信秀の度重なる攻撃に悩まされてきた道三としては、直ちに軍勢を引き揚げさせ稲葉山城に入った。ちょうどその時、尾張にも反信秀派による内紛が発生した。信秀も、これを機会にさっと軍を返した。

道三と信秀の大垣城をめぐる動きをみただけでも、大垣城の重要性をうかがうことができる。

このあと、信秀は織田家内部の内紛を押さえるため戦いを続けなければならなかった。その隙《すき》に道三は何回目かの大垣城攻めを敢行して織田播磨守を締め出し、再びわが手に取り戻した。

息子義龍も、道三同様にこの城を重要視した。美濃三人衆の一人、氏家直元（卜全）を入れ、「塁を高くし堀を深く堅固」にしたという（『新撰美濃志』）。

このあとのことになるが、信長が義龍の子龍興を稲葉山城に攻めるが、どうしても成功しない。そこでやむなく敵地に墨俣城（大垣市墨俣町）を築く。この作戦、大きな犠牲を強いられるが、最後には木下藤吉郎によって成功するという『太閤記』の伝承は有名である。大垣城が斎藤方により確保されていたためで、もしこの城が織田方にあれば、信長はこのような無理な築城をしなかったかもしれない。

道三の養子は公家出身

井ノ口に似た所

可児郡兼山町（可児市）と加茂郡八百津町境を流れる木曽川は、古生層の岩盤を深くえぐっている。「兼山トロ」といわれ、ほとんど水が動かない。

下渡橋から兼山町、古城山（標高二七七メートル）辺りのただずまいは長良川からのぞむ金華山の風景に似ているようだ。

可児郡地域には可児川や久々利川流域のように、よく肥えた谷田が開け、広くて農耕に適当な場所が多い。だから古代から中世にかけて繁栄した。それなのになぜ猫の額のような兼山に、町づくりの基礎をおいたのだろうか。ちょっと不思議に思う。だが考えると、

下渡橋から古城山を望む（岐阜県可児市）

やはり町が生まれるだけの理由があった。
その〝種をまく〟役を受け持ったのは、斎藤道三であった。彼が寒村井ノ口（岐阜）に目をつけたように、井ノ口と地理的条件がよく似た可児郡中井戸荘（可児市）に着目したのである。

箔づけに利用か

今でこそ今渡ダムなどの建設で、木曽川の舟運はストップしている。だがダムができる前、鉄道が敷設される前の木曽川は、重要な人びとが通った道であり、物資の道であった。

兼山町に、古くから「六斎市」がたった。また十六世紀後半、古城山にあった金山城主の森氏が、塩海魚の専売市場を城下町、兼山に許可した。いずれも、木曽川の水運をバックになされたものといえる。織田信長が京へ上るとき、木曽谷の木材を兼山港から船積みにして下ろしたともいう。ここに木曽川最上流の川港があったからである。大正初年まで木曽谷の木材が、兼山のやや上流、加茂郡八百津町錦織で筏《いかだ》に組まれ、名古屋市の熱田港へ運ばれた。水運の限界地点に兼山港があったことを暗示する。

木曽川の左岸にそびえる古城山は、城を構えれば難攻不落となる。さらに東濃から中・西濃への出口を押さえるとともに、飛騨川沿いに走る飛騨へのルートにも、睨《にら》みを利かすことができる地点に当たる。経済、交通、それに軍事的と、非常に良い条件を持った所なのである。この場所を見つけた道三は、にんまりほくそ笑んだことであろう。

道三は天文初年（一五三五年前後）に、この山に簡単な城を造って、養子の正義を入れた。この正義という人物は『金山記全集大成』によると、永正、大永のころ、関白近衛稙家の庶子として生まれた。十三歳のとき瀬田左京が付きそい出家するため、比叡山の恵心院に送られた。だが一国の将になりたいという日ごろの志を捨てきれず、左京も拒みかね、美濃に連れてきた。左京は姉の縁で道三に引き合わせた。道三は出家のままでいるよう正義を諭したが、彼の初志は堅かった。そこで養子にして斎藤姓を名乗らせたという。つまり毛並みは抜群であった。斎藤大納言と名乗っていたように、高い位も持っていた。そのころ南飛騨の領主だった三木直頼の手紙に正義を指し「大納言殿」と記したものが残っている。

当時の道三は、長井姓を名乗っていたものの、その出身さえはっきりしない成り上がり者である。名門、土岐家の中では、いつも肩身の狭い思いをしたことだろう。だから、自分自身に〝箔〟づけをするため、明智氏の娘を正室にもらったり、また関白家の子供を養子にした。そして土岐家発祥の地に近く、その一族の分布密度が高い東濃の要衝、兼山に置き、東濃探題の地位を与えたのでなかろうか。

天文十（一五四一）年の段階で、土岐家内に占める道三の地位。それはトップの頼芸から数えて六番目だった（『天文日記』）。まだ、伸び上がるのはこれからである。正義の金山城配置は出自コンプレックスの道三が、土岐一門に対するデモンストレーションとして、計算ずくで打った一つの布石だったかもしれない。

〝じゃま者は消せ〟

道三が明智氏の娘、小見の方を正室としてもらうのは天文元年（『美濃国諸旧記』）とされ、正義を入れるための金山城づくりを開始したのは天文初年（『金山記全集大成』）といわれている。両書の記載はどこまで信用できるかが問題であるが、とにかく、この二つのできごとには何か関連がありそうである。

というのは、金山城と明智氏の本拠だった明智荘（可児市）とは、約四キロメートルしか離れていない。さらに正義が道三の養子になったのは、明智荘瀬田出身で九条家に仕えた瀬田左京という公卿侍が、姉が道三の側室といった関係で頼ってきたとされているからである。このあたりのストーリーから、正義の金山入城の背後に、明智氏の存在が感じられる。道三と明智が手を結ぶきっかけは、正義の美濃入りにあったかもしれない。

正義は公卿出身にもかかわらず、豪傑《ごうけつ》肌の男であった。「太刀打ちの早業など人に勝る」といわれ、また先の三木直頼の手紙に「ご高名の御働き、祝着に存じます」といったことが記されていることでもわかる。兼山町浄音寺には、二十五歳の時に描かせた画像が残っているが、それを見ても荒武者といった風格がにじみ出ている。

このような人柄であったので、城を改修し近隣に大きな睨みを利かせていたらしい。道三の文書は岐阜以西を中心に残っており、東濃地方には全く見られない。というのは、東濃地方の工作は、すべて正義にまかせていたといったことも考えられる。

そんなためだったろうか、正義は道三を無視したような行動をとるようになった。道三はいまいましく思ったが、越前、近江、尾張と三方に大敵を控えているときだけに、なんとも手の出しようがなかったと『金山記全集大成』に記されている。

正義は天文十七（一五四六）年二月、久々利（可児市）の土岐悪五郎という豪族に騙《だま》し討ちにされ金山城は落ちる。この年の秋、道三は強敵、織田信秀と和睦をしている。すでに両国間に和平の動きがあり、もう背後の固めにも心配なしの段階で悪五郎に命じ、正義を消させたのでなかろうか。同町の郷土史家、荒井金一も同じような意見を持っている。

「大事な養子であれば道三は正義の仇悪五郎を討っただろうが、それをしなかったところに、道三の謀略だったことが推定される」と、荒井は言う。利用価値がなくなったじゃま者は、消されたわけである。

荒れていた金山城

「正義が住んだのは、この辺りだと思います」荒井は、金山城の出丸跡で語る。

ここは古城山の西南尾根の台地で、稲荷神社がまつられ、赤い鳥居が立っていた。南側に野面積《のづら》みの石垣があった。この石垣は金山城でも最も古く、それに水の手も近く、正義の菩提《ぼだい》寺だった浄音寺は、かつてこのすぐ下の山麓にあった。正義の居城跡としての条件は、山頂付近よりもよい。

眼下に兼山の町と兼山港の跡が眺められる。また明智荘も、すぐ南に見える。浄音寺の画像讃にあるように、正義はこの辺りに居館を設け、城下の動き、近郷の情勢を見つめ続けていたのだろう。

古城山の山頂を天守台とする金山城は、「鬼武蔵」と呼ばれた森長可、本能寺の変で信長に殉じた森蘭丸らの居城跡として名高い。いたるところに崩れた石垣や、礎石が散在していた。まさしく〝荒城〟といった表現がぴったりだ。

戦う道三

合戦の奥義を会得

司馬遼太郎の『国盗り物語』に登場する道三は、なかなかの豪傑タイプだった。そのうえ、戦いのかけ引きがうまい。味方がどんなに不利であっても敵が攻めてくれば、見事な作戦で追っ払ってしまう。まさに男の中の男。戦国武将の中では、Ａクラスにランクづけができる人物である。

その道三は合戦の奥義を会得しているという。「本当にそうかね？」と、マユにツバをつけて疑ってみたくなる。そこで、道三の伝記を詳しく紹介している『美濃国諸旧記』をひっくり返してみた。あった、あった。道三が京都・妙覚寺で修行をしていた時代「和漢の軍書に眼をさらし、合戦の指揮、進退かけ引きの奥義を学び、またよく音曲に達し、あるいは弓砲の術に妙を得ていた」といったことが記されていた。

この書物、江戸時代の初めのころにでき上がった。非常に古いものであるが、内容が講談調でいただけない。たとえば「弓砲の術」だが、これは弓と鉄砲を扱う術ということになる。ところが、鉄砲の日本伝来は天文十二（一五四三）年である。もし道三が妙覚寺で修行したという時代があるとすれば、それより三十年ほど前で、当時、鉄砲は伝来していなかった。このように著者の筆先が滑り〝針小棒大〟に記された部分もあり、何割かを割り引いて考えなければならない。それに、妙覚寺で修行をしたのは道三でなく、どうやらその父親らしいのである（「春日文書」）。

その他、長柄の槍をよくしたといったこともあるが、どこまで事実かといった点についてはわからない。

ただ、現在、残っている史料から見ると、戦《いくさ》のかけ引きについては、第一級の戦国武将だったらしい。というのは、天文十三年織田、朝倉連合軍が「道三退治」の軍勢を美濃へ送り込んだとき、井ノ口（岐阜）の町を焼かれ、道三は稲葉山城へ逃げ込んだ。しかし連合軍が引き揚げる際、どっと城から出て織田勢を追撃、まず数百人を殺し、さらに木曽川へ敗走する織田勢を追い込んだ。それによって三千人ほどが、溺《おぼ》れ死んでいる。

天文十三年の勝利は、長井秀元という斎藤方の武将の手紙に記されている。信頼性の高い史料だけに、道三が「合戦の指揮、進退かけ引きの奥義」を会得していたことは、信じてもよかろう。

稲葉山城の改築だとか、養子の大納言正義を置くために新設した金山城（可児市兼山町）の位置選定なども、やはり軍事的なセンスがなければできない仕事でなかろうか。

出兵、思いもよらず

だが、道三は、美濃という殻に閉じこもってばかりいた。とても天下をねらう器でなかった。美濃一国さえ、完全に平定することは難しかったようだ。

全盛時代の道三の勢力圏は、東は可児郡、西は安八郡まで。その勢力圏の東と西の端に金山城や大垣城があったわけである。可児郡より東は室町時代の初めまで土岐氏の本拠だった土岐郡（現在の多治見、土岐、瑞浪各市）で、土岐の一族がたくさんいた。いつ反旗をひるがえすかわからない。その東、恵那郡地方には、鎌倉時代からの名族、遠山氏がしっかり地盤を固めていた。

西濃地方は、不破郡西部は近江の浅井氏の勢力圏下だし、西美濃四人衆をはじめ、

「桔梗一揆《ききょういっき》」と呼ばれる土岐家以来の武士団が健在である。表面的には道三に服属しているが、〝腹の中〟では、何を考えているかわからないのである。

このように、国内すら十分に固めることはできなかった道三である。だから尾張出兵だとか、近江、越前攻めなどは、思いもよらず他国から攻められた場合、いつも受け身の姿勢をとるより手がなかったとみられる。

信長の場合は、違っていた。彼は自分を否定する勢力は、たとえ兄弟であろうと徹底的につぶした。半面、いくら反対勢力であろうと、服属した場合は、前歴を無視して使った。一番よい例が信長のため殺された弟の信行（信勝）と、登用されたその家老、柴田勝家の場合である。

道三には、それを行うだけの力がなかった。十六条城（瑞穂市）主の和田高行だとか、相羽城（揖斐郡大野町）主の長屋景興といった武将を滅ぼしただけに過ぎない。土岐家以来の桔梗一揆のほとんどは、南北朝や応仁の乱当時の実力を失い、衰えてはいたものの健在だった。

道三の美濃押領は武力行使でなく、頭を使った策略によったところ、武士団を完全に押さえきれない弱点があった。だから主君、土岐頼芸を抹殺《まっさつ》できず、三回も国外追放にするといった生ぬるい措置しかとれなかった。つまり、信長のように、自分に対立するものはすべて否定したという新しい生き方をせず、土岐家の体制をそのまま認め、桔梗一揆の上に乗っかるといった不安定で、中世的な行動に終始した。そこに道三の古さがあった。そして武士団にそっぽを向かれ、没落する。

武士団の支持失う

ただ一度だけ、道三は尾張へ出兵したことがある。それは信長が天文二十三年に三河国境で今川勢と戦ったとき、援軍を出したものである。この時の兵力は、安藤伊賀守を指揮官に数千人だったという（『信長公記』）。道三戦死の前々年である。もっとたくさん送り込みたかっただろうが、もはや道三には大部隊を動員するだけの力がなかったのかもしれない。

翌年秋、道三と義龍との間の対立が表面化する。道三は自分がつくった井ノ口の町を焼き払い、引き揚げる。

弘治二（一五五六）年四月、長良川の中ノ渡（岐阜メモリアルセンター）で戦い戦死する。その間約半年間、道三は大桑城（山県市）や北野城（岐阜市三輪）鷺山城（岐阜市鷺山）辺りを行ったり来たりしている。というのは、お互いに大軍を押し出しての華々しい合戦でなく、ごく小部隊によるゲリラ戦が続けられていたのでなかろうか。

金華山から鷺山（中央の小山）を望む（岐阜市）

ゲリラ戦の大家？ともいうべき野武士の頭目、蜂須賀小六は、この合戦の時、道三方に属しており「戦功あり、首、数級を得」たという（『美濃国古代人物誌』）。そうであれば彼らが主役になって放火だとか農村荒らしを盛んに行ったのだろう。

戦いの主導権を握っている義龍は、道三の約七倍にのぼる圧倒的な兵力を持ちながら、道三が長良川へ出てくるまで動かなかった（『美濃明細記』）。

なぜだろうか。義龍もまた道三と同じ弱点、桔梗一揆という土岐家に強烈な忠誠心を持つ武士団に支えられていたためでなかろうか。

道三の民政

少ない民政史料

本巣郡本巣町（本巣市）山口に真桑、席田両井（用）水の取り入れ口がある。根尾川に頭首工を設け、その水を両井水へ流している。扉門の管理をしている近くの谷村京一も「道三の話は初耳なもし……」と、驚いた表情。「この井水は大昔からあるが、道三のころはあったものか、なかったものか……」と、首をかしげていた。

道三が、この井水について記した書状が一通だけ残っている。『岐阜県史史料編　古代・中世二』に紹介されている。内容は「上秋のうち高屋上下より当郷へ、井水取るべきのよし、

真桑用水・席田用水取り入れ口（岐阜県本巣市）

その心を得候。自然、下々申すことあるにおいては、この折紙をもって、相断わるべく候なり」といったもので、宛先は「真桑、名主百姓中」となっている。

道三に関するどの書物を見ても、道三が戦国乱世を巧みに生き、美濃の主におさまったかというプロセスを紹介しているものの、道三がどのようにして民政を行ったかといったいわゆる政治家道三像を掘り下げたものは、ほとんど見当たらない。道三関係の史料が少ないために、それを浮き彫りにすることが難しいのである。だから著者たちも避けて通ったのではなかろうか。

そんななかにあって、真桑村の名主、百姓

たちに与えた書状は、道三の民政を知る手がかりになるものであり貴重である。

この書状の意味は、上秋荘（揖斐郡大野町東部から本巣市西部）のうち高屋（本巣市）から、真桑へ井水を自由にとってよい。もし、苦情が出るようだったら、この書状を見せて断われと、いったものである。

書状の包紙には天文十八（一五四九）年と記してあるが、これは後から書いたものと県史編集室は述べている。しかし、署名は道三としてあるだけだから、晩年のものに違いない。天文十三年の日付けを持つ書状にも「道三」とだけ署名したものがあるが、これはまだ研究の余地があるという。

真桑は直轄領か

天文二十四年に、真桑井水の受益者代表と思われる豪族たち十人が差し出した記録も残っている。これは「井水関係のことで人数を出すよう命令があった場合、文句を言わずにすぐ出します」といった内容のものである。

これには宛先が記されていないが、道三に対して出したものだろうか。この年に弘治と改元される。道三が息子の義龍と戦って戦死する前年に当たり、その発言力もなくなっていた時代である。すると、義龍に対して出したものかもしれない。

これより三年後の永禄元（一五五八）年四月、義龍が真桑井水受益地区の名主、百姓たちに対し書状を与えている。真桑井水で新しく用水路を設けたため、灌漑用水が流れなくなったと下流地区から訴訟が起こされた。その判決文ともいえるもので「今後は用水路の新設まかりならぬ。水路をせき止めたりしてはならない」といった内容である。

さらに、その年の六月、安藤守就ら六人の武将が連名で二通の書き付けを出している。うち一通は「今後とも管理を十分に。さもなくば厳罰にする」といった厳しいものになっている。井頭《いがしら》と呼ばれる管理責任者や名主たちは、さぞかしびっくりしただろう。

とにかく、道三、義龍親子や、安藤ら重臣たちが出した書状をみると、真桑井水の受益地区に対し特に力を入れていたことが考えられる。それに道三はその壮年時代、真正町軽海や同井水の取り入れ口近くにあった祐向山（本巣市）の城主だったという（『美濃国諸旧記』）。すると、彼は飛躍するごとに領地を広げ、この井水の受益地帯を直轄領にしていたのではなかろうか。

道三は頼芸派である相羽城（揖斐郡大野町）と十六条城（瑞穂市）を攻め、城主を滅ぼしている。いずれも真桑井水の隣接地域にある。直轄領の安全を図るため仕かけた戦いとも推定できる。

道三を支えた農民

その他、政治家道三の業績として、岐阜市八代、土居の開発が記録（『中島両以記文』）に残されている。これは道三が同市岩崎から鳥羽川の水を引いて田んぼを作り、八代、土居両村民の生活が成り立つようにしたというものである。ここでも道三は、灌漑用水の確保に努力している。

両村は道三の隠居城とされる鷺山城（岐阜市鷺山）に近い。それに用水の取り入れ口近くにある岩崎山には、道三の砦があった。この点、真桑井水の条件とよく似ている。この付近も彼の直轄領かもしれない。

真桑井水の場合、更地（大野町）と真桑の水争いが起きたとき、収穫高に応じて配水するよう前記の道三書状が出された（『本巣郡誌』）という。だが、文面は真桑への取水を認めるものだから、水争いのとき出されたものかどうかははっきりしない。このあと、義龍が出した書状には、真桑で新用水路を設けることを禁止しているから、道三の書状は、おそらく新用水路開削による取水のもめごとの時と見たい。

用水路の新設が必要な地域は、一応荒れ地である。真桑にしろ、八代、土居にしろ、そのような土地柄だったのを、道三が農業の基盤整備事業を推し進め、穀倉地帯に育て上げたとも考えられる。

したがって、この地帯の米づくりを推し進めたのは、古い勢力（土豪層）でなく、新しい農民層と推定できよう。道三は国人層（土豪層）をうまくあやつりながら、一方では民政に力を入れ、井頭などに代表される新興勢力、農民層をうまく利用したのである。道三が〝国盗り〟のため、大活躍する舞台裏で、これを支えたのは、これら農民層と、高い農業生産力だったことを忘れてはならないだろう。

ところで、この農民層は一向宗（浄土真宗）の門徒たちだったという研究がある。これは真桑井水の井頭を務めた旧家の宗教を調べた結果によるものである。当時、一向宗の集団「一向一揆」は、近畿、北陸方面で、大きな力を持っていた。美濃、飛騨地方でも、彼らによる軍事行動が展開されたこともあった。古い支配体制を否定する集団だけに、領主層としてはどうしてもやりにくい。道三も同じで、うまく彼らと妥協する必要があったわけである。

道三は善玉か悪玉か

礼儀正しい人物

司馬遼太郎の小説『国盗り物語』には、一般に言われている〝蝮《まむし》〟だとか〝梟雄《きょうゆう》〟といった悪玉道三の色彩が少ない。どちらかと言えば善玉道三として描かれている。新しい見方として面白い。

道三悪玉説の張本人は『信長公記』であり、また『美濃国諸旧記』などをはじめとする美濃に伝わる大部分の古記録類である。諸旧記など古記録類は、土岐家に同情した立場で書かれているので、その点は大幅に割引して考えなければならない。

しかし、信長の書記だった太田牛一の記した『信長公記』は非常に信用性が高いという。

ただし、道三のことを記してある「首巻の部」は、牛一が書いたものでないといった説もある。それによると、「道三は主人、長井藤左衛門の首を切り、守護職土岐頼武の子、次郎（頼純）に娘をやって聟《むこ》にし、油断させて毒殺した。さらにその娘を頼芸の弟、八郎に押し付け、最後に切腹させる。また頼芸を美濃から追い出す。さらに、わずかな罪の者でも手足を牛に引き裂かせる牛裂きの刑にしたり、罪人を釜《かま》ゆでにし、その際、罪人の身内や近親者に火をたかせた」

そんなことを平気でする男だから、民衆からうらまれた。道三が戦死したとき「稲葉山城下の七曲り（大手）と百曲り（搦手《からめて》）に、落首を記した立て札がたった。それには〝主をきり聟を殺すは身のおわり　昔は長田　今は山城〟とあった」と記す。長田は源義朝を殺した長田忠致。山城がご承知の道三である。信長公記の道三批判は、このように手厳しい。

「信長公記の道三厳罰主義者論は、全くのつくりごとである。彼は、そんなことをするバカ者ではなかった。太田牛一は、古代中国の悪玉、殷《いん》の紂《ちゅう》王の故事を、そのまま道三のことにした……」と、郷浩岐阜城館長は、道三の弁護人として強く訴えている。

もう一人の弁護人。それは道三の菩提寺である常在寺（岐阜市梶川町）の北川英進住職である。「残された手紙から見る道三は、実に礼儀正しい人物であった。それは、いくら目下の相手にでも〝拝進○○尊答〟〝××凡下〟〝▽▽近賢〟などというように、相手の名前に殿のほか、さらに敬称を付けていることでもわかる。道三が悪玉にされたのは、江戸幕府確立のための官学、つまり儒教の勧善懲悪《かんぜんちょうあく》の中でゆがめられたためである」と、説明する。

平均すると悪玉?

検事の立場から道三を告発するのは、『戦国武将伝　斎藤道三』の著者、川口半平である。川口によると「道三ほど陰険な人物はないと思う。彼は信長公記成立の時代、すでに悪玉とされている。良い点は素直に認めるべきであろうが、平均すると彼は悪玉だね……」。

それぞれ、人によって見方が違うのである。「いったいおれは善玉なのか、悪玉なのか」と、道三は墓の下で苦笑いをしていることだろう。

道三の時代に生きた人たちは、彼をどのように見ていたか。稲葉良通(一鉄)、伊賀(安藤)守就、氏家直元、不破光治ら、いわゆる西美濃四人衆と呼ばれた武将たちが、尾張にいた主君の土岐頼芸に帰国するよう申し出た手紙の写し（「村山文書」）が残っている。その中で「道三の行為は前代未聞のことで、無道のうえ侍の義理を知らないものです。町人や農民たちがあざ笑っていますが、よく平気でいられるものです」といったことを記し、道三をけなしている。

この手紙の年号はわからないが、天文十七（一五四八）年のものと推定される。すると道三による頼芸第二次追放のあとということになる。四人衆としては道三にうらみを持つ頼芸に宛てた手紙だから、悪口を書くのも当然だろう。しかし、この手紙が書かれたのは、道三の全盛時代であった。四人衆も、その支配下になっていたが、それでも、このような道三批判をしているのである。この道三観が美濃の国人（豪族）層たち大部分の共通した気持ちでなかったろうか。

南近江の大名、六角承禎（義賢）の手紙（「春日文書」）を見ても、道三の評判の悪かったことがうかがわれる。

これは永禄三（一五六〇）年に六角家の重臣らが六角・斎藤両家の縁組話を進めていたのを承禎が聞きつけ「斎藤の娘（義龍の娘）をもらうとはもってのほか。絶対にまかりならぬ」と、五人の重臣をしかりつけた時のものである。道三が戦死してから四年目に書かれたものだけに、信頼性も高い。

その内容は「道三は長井の跡取りを討ち、自分が斎藤姓を名乗ったうえ、次郎殿を聟にとり早死させ、その弟八郎殿を井ノ口（岐阜）へ呼び出し自害させた。そのほかにも兄弟衆（頼芸の）を毒殺したり暗殺したりして、ことごとく殺した。その因果は必ずくるだろう。それなのに……」というものである。承禎も道三を悪玉視したことが、この手紙の中に露骨に記されている。

茶の湯をたしなむ

ところで道三という武将は、〝切った、はった〟の時代には珍しい文化人でもあったらしい。それは『美濃明細記』や『美濃国諸旧記』などにも記されているように、歌舞音曲に堪能《たんのう》だったということでも推定できる。むろん、これらの書物は全面的に信用できないから、そうだったと、断言できないが……。

江戸時代の中ごろに出版された『茶道全書』という茶の湯の本にも「斎藤道三入道路地

の庭、数奇屋の図」といった茶庭の絵図面が紹介され、道三が茶の湯をたしなんだことを記している。この庭は「桜花の茶庭」と呼び、桜をいっぱい植えている。学者によると茶庭の設計は江戸初期の様式で、道三がもし桜花の茶庭をつくったとすれば、違ったタイプのものになっていたろうと説いている。

武儀郡武芸川町（関市）、汾陽寺に残る道三の手紙には「枝柿五十、抹茶拝受、ご懇情のいたりに候」と、抹茶をもらったお礼が記されている。日付は五月二十一日だから、太陽暦に換算すると六月下旬のこととなる。当時、美濃山沿い地方はお茶の産地であった。汾陽寺の坊さんも新茶で抹茶をひき、お茶が好きな？道三に贈ったのでなかろうか。桜花の茶庭の是非はともかく、道三と茶の湯の関係がうかがわれる。

桜花の茶庭は、今の岐阜市茜部地内にあった。この耳よりな情報を『濃尾葉栗見聞集』が書きとめていた。見聞集によれば「茜部の花本」という場所だという。茜部寺屋敷の広江禎策に聞くと、「それは花ノ木の間違いでないか」という。花ノ木という小字は、革（川）手城跡から五百メートルほど西に当たる地点。立地条件としては申し分ない。位置はやや北にずれているが、加納花ノ木町がこの古い地名を継いでいる。しかし、道三や茶庭の伝承は全く残っていない。

道三と女性たち

弱者が生き残る手段

昭和四十八（一九七三）年一月、岐阜日日新聞社（岐阜新聞社）、岐阜放送懇談会の例会で、作家の杉本苑子が次のように語った。

「織田信長は身の回りにいる女性を、政略のためにフルに、しかも効率よく使った。その点でも、当代一流の人物であった。彼のため利用された最も有名な女性は、〝お市の方〟である」

つまり、信長は、自分の姉妹や叔母はもちろん、一族、家臣に至るまで利用価値のある女性には目をかけ、政略結婚の道具？ にしたというのである。

戦国時代というのは実力の時代である。弱い者は消されてしまう時代である。生き残るためには、どうしても勝たなければならない。弱い者が生き残る手段、その一つに政略結婚があった。

信長は利用価値がなくなれば、重臣でも簡単に捨てた。石山本願寺攻めが生ぬるいなどの理由で、追放された佐久間信盛父子の場合がよいケースである。明智光秀の反逆も、信長のこのような性格を見抜き、見切りをつけたといわれている。信長はこのような男であったから、政略結婚がうまくいかなかった場合、女性には悲惨な運命が待っていた。岩村城（恵那市岩村町）主、遠山景任と政略結婚をさせられた信長の叔母に当たる女性も、その一人である。若くして未亡人になった彼女は、武田の大軍を支えて戦う。だが、信長からは援軍が来ない。全滅というとき武田の武将、秋山虎繁の要求を入れ、夫婦になるという条件で城兵たちを玉砕から救う。だが、信長が武田を滅ぼしたとき、秋山夫婦は捕らえられ磔《はりつけ》にされた。信長は彼女が裏切ったということで、殺したのである。自分を主張することができず、権力者の意のままにならざるを得なかった戦国の女性こそ、あわれな存在だった。

小説『国盗り物語』に登場する斎藤道三をめぐる女性も、あわれな存在が多い。山崎屋の女主人として、ひたすら道三の出世を待つ「お万阿」。土岐頼芸のもとから、簡単に道三の側室にさせられる「深芳野」。道三によって頼芸へ献じられる「香子内親王」。すべてがそうである。ただ、これらは史実でなく物語だというところに、救いがあるといえる。

信長に負けず劣らず

杉本は「信長ほど女性をフル利用した人はいない」と述べたが、「道三も信長に負けず、女性を利用した人物」と見たい。

とにかく道三をめぐる虚説、実説のなかには、びっくりするほど多くの女性が登場する。しかし、それはテレビや映画に出る〝チョイ役〟みたいなもので、チラリと姿を現したとたん消えてしまうので、その実像は全くつかめない。もちろん、名前さえ伝わらないのが、ほとんどである。

道三像を描くのに最も利用されるネタ本『美濃国諸旧記』ですら、深芳野のほかには、道三の妻「小見の方」、信長の妻になった「帰蝶の方」（一般には濃姫と呼ばれている）の三人しか、名前が記されていない。それにこの本の内容からみて、果たしてこれらの名前が正しいか否かすら、わからないのである。ただ、これらの呼び名は便宜上、使っているだけに過ぎない。

小見の方は、明智光継の娘で、天文元（一五三二）年に結婚、天文二十年、三十九歳で死んだ（『美濃国諸旧記』）という（『言継卿記』では、永禄十二年＝一五六九年に濃姫の姑が登場し、この時点で生きていた可能性が高い）。比較的アウトラインがわかる女性である。深芳野もそうだったように、彼女も道三が明智という土岐家きっての名族と手を結ぶための政略結婚ということが言える。

結婚したとき道三は三十九歳、小見の方が二十歳であった。当時の女性でこの年まで独身でいることは考えられない。例えば、帰蝶の方は十四歳で信長に嫁に行っている。すると未亡人か離縁していたのだろう。道三としては、明智と手を結ぶため、そんなハンディキャップを無視して、もらったのではなかろうか。

また側室の一人に、瀬田氏がいる。明智荘瀬田（可児市）の土豪の娘という（『金山記全集大成』）。瀬田は明智氏の本拠である。この話にも、道三が明智氏を意識したようなふしがうかがわれる。

そのほか、道三の側室とみられる女性が本願寺の記録『天文日記』にも登場する。その女性は、大垣城主、宮川吉左衛門尉の一族であったというだけで、詳しいことはわかっていない。だが、当時の日記にはっきり記されているのだから、瀬田氏の女の場合に比べ、はるかに信用度が高い。彼女もまた、西濃地方を押さえるため道三がとった宮川氏対策の犠牲者といえないだろうか。

このほか、織田信秀の娘が道三の室という説（『姓氏家系大辞典』）もある。もし、これが事実であれば、天文十七年斎藤、織田両家に和平が成立した際、お互いに娘を交換したのかもしれない。

当時、道三の息子、義龍は二十一歳で、もう一人前の武将であった。その義龍が信秀の娘をもらわず、当時五十五歳だった道三がもらったところに問題が残る。こじつけると、道三の正室はそれ以前に死んでいたとも考えられる。いずれにせよ、はっきりした政略結婚である。

娘たちもフル利用

道三の娘たちも、政略結婚の犠牲になっている。うち、土岐次郎（頼武）と八郎（頼香）

に押し付けられた娘こそ悲劇であった。まず次郎に押し付け、その利用価値がなくなると毒殺、未亡人になったのを八郎に嫁がせ、今度は八郎を自害させる（『信長公記』）。同じことが六角承禎の手紙（「春日文書」）にも記されているから、本当にあったことだろう。

また、次郎ら兄弟に与えた女は実の娘でなく、京の都から美女を買ってきて娘分として贈ったものだともいう（『濃陽諸士伝記』）。

道三には、このほか、三人の娘があった。それぞれ信長、金森長近、飛騨の三木自綱の妻になった。うち信長の妻になった女性のことは有名である。道三の全盛時代、長近は二十歳台であったから、これも、一応、納得できる。しかし自綱は十五歳前後。結婚適齢期であるが、似合いの娘がいたかどうかが問題である。したがって義龍の時代に縁組がなされた可能性もある。とにかく、飛騨と友好関係を維持し、北の守りを安泰にするため打たれた布石といえる。

長近と自綱は義兄弟ということになるが、天正十三（一五八五）年、二人は戦い三木家は滅亡、長近は飛騨の国守になる。この時、自綱の命を助け京へ追放したのは、このような縁続きというためでなかったろうか。運命とは皮肉なものである。

西美濃三人衆の筆頭とされる稲葉一鉄の息子、貞通も、道三の娘をもらっている。深芳野が一鉄の姉という説を含め、このあたりにも道三が西濃対策に苦心していることがうかがわれる。

義龍に浅井の娘を

道三は息子の義龍のために、北近江の大名浅井久政の娘（または妹）「近江の方」をもらっている（『濃陽諸士伝記』）。一説には長政の娘（妹）は義龍の子、龍興の室（『美濃明細記』）ともいう。このあたりの記述は混乱しているが、不破郡西部地方を占領している浅井の圧力を、どれだけでも少なくするためにとった措置としてうなずけよう。ただ、龍興の室ということになれば、義龍の時代に、縁組をしたことになる。

道三は義龍のため、長井道利の娘も、もらい受けている。龍興の母親である。道利は道三の弟ということになっている。

義龍の室は一条殿の女という記録（『江濃記』）もある。一条殿といえば京の公卿、一条家の娘である。成り上がり者の道三としては、家柄に箔づけするため、献金でもしてもらってきたのかもしれない。彼の養子、正義が近衛家の出であるという話とともに考えられることである。

このように、道三は女性を政略のためにフルに利用した。丹念《たんねん》に調べれば、まだ出てくるかもしれない。今どき、親の言いなりになり、家のためだとあきらめ、嫌々お嫁に行く女性はあるまい。国盗りの時代、上層階級の女性は、すべて結婚＝政略だったのである。

親子の対立

道三塚

「前面の道から十間程横へ入った大根畑の中に、六坪か七坪の小さい篠竹の薮がある。土俗道三の首塚と称へて、要吉の小児の時分には、稲葉山の麓《ふもと》のおぼろが池と共に諸人恐れて近寄らなかった……」。これは森田草平の小説『煤煙』に描かれている明治二十年代の道三塚（岐阜市長良福光）である。草平は、ここから一・五キロメートルほど西の鷺山に生まれた。少年時代の彼は、よく祖母に手を引かれ、この辺りの堤防道を通って岐阜の街へ出たという。草平は、このほか小説『輪廻』でも、道三塚の模様を詳しく紹介している。この二つの小説は、明治中期の道三塚を知る貴重な文献である。

終戦直後まで塚は、篠竹の薮の中にあった。木を伐ると、たたるといわれ、だれも近寄らなかった。その後、薮は切り払われ、塚が築き直された。

底流に冷たい戦い

道三が最終的に土岐頼芸追放を行ない完全に美濃を手中に収めるのは、天文二十一(一五五二)年とされる。時に道三五十九歳。円熟した年齢である。

十一代、二百年余りの長い間続いた土岐守護職家を追い出し、斎藤家の天下になったのである。道三としては初めて枕を高くして、寝ることのできる時代を迎えることができたのでなかろうか。翌年の四月、富田の聖徳寺で、娘婿の織田信長と会見する。美濃を掌握した喜びと誇りを、道三の行動に見ることができる。

聖徳寺(現在名古屋市)は、当時、一宮市富田にあった。また、両者の会見場所は岐阜市下川手の正法寺だったという異説(『美濃国諸旧記』)もある。正法寺は江戸初期すでに廃絶しているため、それを裏付ける資料は残っていない。ただ美濃、尾張国境近くが会見場所に選ばれたという客観条件からみると、やはり聖徳寺説に〝分《ぶ》〟がある。そのほか羽島郡笠松町にも、同じような伝承が残っている。

ここで気になるのは、会見が終わった道三が、帰り道、茜部（岐阜市）辺りで、家来の猪子兵介に向かい「子供たちは、やがてタワケ者と呼ばれる信長の門に馬をつなぐであろう」と、語ったことである（『信長公記』）。

出典がある程度、信用できるものだけに意味深長である。この時、息子の義龍は二十七歳。一人前の戦国武将として、活躍していた時代である。信長は二十歳。

もう一つ、道三の信長観が伝えられている。天文二十三年、信長の援軍として道三が部下の安藤伊賀守に千人の軍勢をつけて尾張に出兵させた。この時、信長のあざやかな行動を道三は伊賀守から聞いた。「恐るべき男である。いやな男が隣国にいるものだのう……」と、述べた（『信長公記』）。

この二つの発言から、道三は非常に信長を高く買い、義龍を過少評価していたことがうかがわれる。

道三の息子、義龍は、若くして死んだが、父親を倒し完全に一本立ちしても美濃を完全に守り抜き、信長につけ入る隙《すき》を与えなかった。長命であれば、信長とその地位は転倒したかもしれないとまで言う人もいるほどである。それなのに、娘婿ばかりを良く言う道三の立場。そこにはすでに義龍との間に冷たい戦争が展開されていたのでなかろうか。

宗教戦争が導火線？

親子の対立が爆発する導火線になったのは義龍が二人の弟を殺したためと一般にいわれている。これも、名高いエピソードである。道三が義龍を廃し二男の孫四郎を後継者にしようとしたため、病気見舞いを口実に二人の弟をおびき寄せ暗殺したものである。弘治元（一五五五）年十一月のこととされる。

そのころ、美濃は完全に義龍の支配下にあった。その前年、井口寄合所道場（岐阜市中大桑町、浄安寺の前身）へ義龍は「新九郎利尚」という名前で、「他所の者がこの寄合所を宿にしてはいけない」という公式の禁止状を出していることでもわかる。

このことは、道三関係の文書類を見ても、はっきりする。道三は天文二十三年三月五日に、井口道場にあて宿借りを禁止する禁止状を出している。それを出して五日後に、義龍の同じ内容の文書が出されたのである。これは道三政権を否定し、義龍政権が樹立されたことを意味するものである。ここに、はっきり世代の交代を見ることができる。

永禄三（一五六〇）年義龍をも巻き込んで宗教戦争が、美濃に発生した。「別伝騒動」と呼ばれ禅宗が二つに分かれて対立した。この騒動も推定の段階だが、すでに天文末期に発生しており、これをめぐって親子が対立したことも考えられる。道三が戦死したため、義龍が支持する別伝派が勝ち反対派の快川国師らが一時、美濃を逃げ出すことになった。

このため快川国師は、義龍の悪口を盛んに言っている。この人、気性の激しい坊さんだったらしい。それにしては、快川にとり本家筋に当たる土岐家を滅ぼした道三の悪口は言っていない。すると道三の晩年にすでに禅宗内での対立があり、道三は快川派つまり反義龍のグループを援助していたのではあるまいか。

義龍が土岐頼芸の実の子であったため、土岐家再興の意味も手伝って義父を殺したことが通説である。私は純粋な親子戦争で、義龍は自衛手段として親を殺したと考えたい。それだけに、より深刻なものを二人の対立に感じるのである。

鶴山は城田寺の東

義龍が二人の弟を殺したという知らせを道三は稲葉山の山下の屋敷で聞いた。たぶん、今の岐阜公園辺りに屋敷があったのだろう。さっそく家来たちを非常招集して、井ノ口の町に放火、山県郡（山県市）に引っ込んでしまう。翌年四月、道三はまず鶴山まで出てきた。そこを前進基地にして、長良川の中ノ渡（岐阜メモリアルセンター）をはさみ、親子が二日間にわたり戦った。だが、義龍側の大兵力に圧倒され道三軍は敗れた。彼は戦場を離脱城田の城（岐阜市城田寺）を目ざして落ちて行くところを、小牧源太らに討ち取られた（『信長公記』）。この戦いを当時の人たちは、福光合戦と呼んだらしい（『大垣市・円興寺過去帳』）。

道三が前進基地とした鶴山であるが、書物によっては鷺山のことだとか、本巣郡糸貫町（本巣市）の桑山（船木山）だと説明しているものもある。ところが、岐阜市百々ヶ峰の西方に鶴山と呼ぶ山がある。この山が、それでなかろうか。明応五（一四九六）年の土岐家の内乱の際、城田寺を攻めるため南の鷺山、東の鶴山に布陣した（『船田乱記』）という。鷺山と鶴山ははっきり書き分けられており、現在の鶴山は城田寺の東北東の方向に当たることでもうなずける。

また、道三が戦死した場所は長良川原でなく、道三塚からほぼ北へ一キロほど行ったところらしい。

道三は死んだ。父親の首実検をして稲葉山城へ引き揚げる義龍の気持ちは、どのようなものであったろうか。

義龍の父は

全く違う父子画像

斎藤家の菩提寺、岐阜市梶川町の常在寺には一般に「濃姫」と呼ばれている女性が、父の追善供養のため納めたという道三の画像と、義龍の子、龍興が寄進した義龍の画像がある。道三はほお骨が高い上ヒゲが薄く、やせ型で文人タイプである。それに比べ義龍はヒゲが濃く、戦国大名というより、天下の豪傑《ごうけつ》といった武人タイプ。それに、ずんぐりと小太りである。

さらに道三画像は、長い間、祭壇にかかげられ、供養の対象になったためか破損が目立つうえ、灯明ですすぼけ、道三の怨念《おんねん》といった鬼気せまるものがある。義龍画像は保存も良く、全体的に明るい感じがただよう。全く対照的である。ただ一つ共通するのは、いずれも眼光の鋭いことだけである。

日本史という大きな流れから見ると、弘治二(一五五六)年四月に到る数年間?にわたった親子のいがみ合いなど、ちっぽけな一コマに過ぎない。歴史とは皮肉なものである。

頼芸実子説のヒント

ところで道三、義龍の親子戦争であるが、その原因の一つに義龍は実父、土岐頼芸の仇《かたき》を討つために行なったとされている。つまり、道三、義龍の間に、血縁的な父子関係はないというのである。

義龍は頼芸の子を身ごもったまま、道三の側室になった三芳野(深芳野)が生んだ子供であるということを、道三のことについて最も早い時代に記された書物の一つ『濃陽諸士伝記』が紹介している。

この書物は、江戸時代の初めに成立したものという。これを受けて『美濃明細記』や『美濃国諸旧記』『堂洞軍記』『土岐累代記』など、美濃に伝わる古書類はいずれも同じようなことを記している。

なぜ、これらは義龍を頼芸の実子としているのだろうか。果たして、義龍の実父は頼芸であったのだろうか、この点が気になる。

父親がわが子に殺されるのでは、儒教でいう〝人の道〟に外れるうえ、陰惨なものだけが残り、物語のストーリーとしては好ましくない。その点、頼芸の実子ということであれば、親のかたき〝悪玉道三〟を討つということで、勧善懲悪の精神にもぴったりである。筋書きも複雑になり、面白い。そのような立場から、頼芸、義龍親子説が生まれたような気がする。

そのヒントの一つになったのが、あまりにも対照的な常在寺所蔵の両画像でなかったろうか。さらに、山県郡高富町（山県市）大桑の土岐家の菩提寺、南泉寺に伝わる土岐政頼の画像（実際は政頼の子、頼純の画像である）の存在がそのような考え方に拍車をかけたと推定したい。

政頼は頼芸の実兄で、やはり道三のため、守護職の地位から追われた人物である。この政頼画像と義龍画像は、構図的には全く同じである。直垂《ひたたれ》に侍烏帽子《さむらいえぼし》の付け方から、右に向けた顔の角度、右手に持った中啓の位置など、寸分違わない。色彩も、ほぼ同じである。よく似ているといった先入観で眺めていると、政頼にはヒゲがないだけで両者の下ぶくれの顔まで似ているような気がする。政頼と義龍は伯父と甥《おい》の間柄である。似ているのが当然といった考え方が出てくる。義龍の頼芸実子説の底辺に、このような考え方があったかもしれない。

このほか義龍は七カ月の早産児だった。これは深芳野が道三の側室になったとき、すでに三カ月の胎児を身ごもっていたため（『美濃国諸旧記』）との言い伝えが、古くから存在していた可能性もある。

やはり実父は道三

真相はどうなのか。あまりにも遠い昔のため、よほど確実な史料が発見されない限り、決定的なことは述べられない。しかし、義龍は道三の実子と考えている。

諸士伝記より、やや古い時代に成立した『信長公記』には、頼芸実子説が紹介されていない。また『江濃記』も、この話にはふれていない。両書とも義龍は道三の実子という立場から、親子戦争に対して冷たい眼を向けている。

だから「山城（道三）子息、一男新九郎（義龍）……」「父子四人（道三と義龍ら三人の息子）共に稲葉山に居城なり」と記し、父を殺した義龍に対し「不孝重罪恥辱となるなり」（『信長公記』）とか「新九郎（義龍）ハ父ノ天罰ニヤ重病ヲウケ、次第ニ重リケル」（『江濃記』）といった記述が、抵抗なく述べられているのである。

特に『信長公記』は、信頼性の高い書物といわれているだけに、その記述は注目してよい。義龍が道三の実子であることを、最も強く裏付ける文書がある。永禄三（一五六〇）年に近江の大名、六角承禎が重臣らに宛てて出した手紙である。

この手紙には「斎治父子、義絶におよび、弟共生害させ、父と鉾楯《むじゅん》におよび、親の首を取り候」などと記されている。斎治というのは斎藤治部大輔つまり義龍の略称である。義龍と道三父子が義絶し、義龍は弟どもを自殺させ、そのうえ父親と戦争（鉾楯）のあげく、殺した」という意味である。この文面に続いて、そのような義龍の娘を嫁にもらうことは六角家の面目は丸つぶれとなる。さらに、そんな大それた所業について、天はその罪を許さないだろうと、感情をむき出しにして決めつけている。

この手紙が書かれた年、義龍は健在で別伝騒動と呼ばれる禅宗の造反問題に首を突っ込み、強引な政策を進めていた時のことである。それに承禎と頼芸は重縁の間柄であり、さらに当時、頼芸は六角家に亡命していた。

このような背景に立って書かれた手紙である。もし義龍が頼芸の実子であるとすれば、これだけひどい内容の手紙にならなかったろう。

無言の退出勧告?

岐阜市美江寺町の美江寺観音に「弘治元年十二月　范可」と、署名した禁制があった。岐阜空襲によって焼失したが、この范可《はんか》というのが義龍のことである。これについて『信長公記』は、興味のある記事を紹介している。それは「父、道三を討ち取った義龍は、昔、中国に〝はんか〟という男がおり、親の首を切ったという故事から、〝はんか〟と名乗った」というものである。

だが、美江寺観音の禁制で見る限り、義龍が范可を名乗ったのは道三の生前である。だから、義龍が二人の弟を殺し、道三と戦争状態になったとき、すでに父親を殺す覚悟があったと、いわれている。しかし学者の調べでは、中国にそのような故事がないそうだ。范可を名乗ったのは、なにか別の意味があったためと思われる。

范可のサイン入りの文書は、「桑原文書」にも一通残されている。四月二十日の日付を持つもので、家臣の桑原甚三に与えた感状である。内容からみて弘治二年、つまり道三が戦死した日に出したものと推定されている。

このほか義龍が、頼芸の実子であれば、斎藤姓を捨て土岐姓を名乗ったに違いない。また六角家に身を寄せている頼芸を、美濃へ呼び戻したことだろう。それをしなかったところにも、やはり頼芸実子説を否定する材料になる。

道三と戦争状態にあった義龍は、長良川の中ノ渡で決戦するまで、半年間、手を出さなかった。中ノ渡での戦いも道三の仕かけたもので彼が山県郡下に引きこもって出てこなければ、まだまだ対立状態が続いたといえる。

道三が数度にわたり、頼芸を大桑城（山県市）から国外へ追い出した。これでもわかるように、大桑城からは、山伝いに越前方面に簡単に脱出できる。決戦までの半年間の時間。

それは義龍が実の父、道三のために与えた無言の脱出勧告でなかったろうか。弱肉強食の非情な戦国の世に生きなければならなかった義龍の心を、常在寺の画像は語りかけている。

第四章　義龍と龍興

義龍に攻められた明智城

発見された供養塔

「この石碑を見つけたときは、胸がいっぱいになりました」

こつこつと古城研究を続けている荒井金一は感激の表情で語る。可児郡可児町(可児市)の南に横たわる丘陵、長山の尾根。荒井は、この尾根で地中から見なれぬ川石が頭を出しているのを見つけた。何か文字が刻んである。手で土を除いた。夢中だったという。出てきた石は、高さ約五十センチの小さなものだがそこには「六親眷属幽魂塔《ろくしんけんぞくゆうこんとう》」と刻み込まれていた。

「この辺りが明智光秀の故郷、明智荘で明智城のあったところです。斎藤道三が戦死したあと、明智一族はこの城で義龍の軍と戦い全滅しました。その霊を慰めるために、地元の人たちがこっそり立てたのでしょう」荒井は強調する。

この石碑の付近で、そのとき葬られたとみられる人骨や鎧《よろい》の破片らしい錆《さ》びた鉄片、建物の柱穴などが発見されている。すぐそばには、戦死者を葬ったらしい土まんじゅうもあった。明智氏玉砕の裏付けになるという。

瑞浪市方面から丘陵が西に伸びている。その一つに国鉄（JR）太多線広見駅の東まで続く丘陵がある。地元の人たちは長山と呼んでいる。

この丘陵のうち、可児町瀬田地区の南に、明智城があった。長山城ともいう。地図の海抜百七十五・二メートルの三角点がある。そのすぐ北辺りが城跡である。

わからない史実

土岐家に仕官した西村勘九郎こと斎藤道三が、まず家中の支持を得るために、信望の厚かった明智頼高に接近した。大永年間のクーデターで、守護、土岐氏の追放に成功したのも、明智氏ら武士団のバック・アップがあったからである。道三はさらに頼高の娘、小見の方を正妻として迎えた。

これで明智氏は道三と縁続きになった。そのため道三戦死後は、斎藤義龍の招きを断わり、義龍勢の攻撃を受け、明智城で玉砕する。光秀や従兄弟《いとこ》の光春らが脱出しただけ。弘治二（一五五六）年のことであった。

以上が、小説『国盗り物語』に登場する光秀以前の明智氏のデッサンである。明智氏は道三、義龍父子の合戦には中立を守ったが、最後には道三に殉ずる。

ところが、光秀の前半生や光秀以前の明智氏になると、皆目わからない。このことは『岐阜県史通史編　中世』を読めば、うなずけよう。明智氏のことは、ほとんど記されていないからである。執筆者の一人、中野効四郎岐阜大学名誉教授は「別に、他意があるわけではありません。史実が不明なので書けないのです」と語っているほど。こんな調子だから、土岐一門という地位にありながら〝幻の名族〟といわれるのである。

たとえば、明智氏の本拠。江戸初期に記された二冊の本のうち『美濃国諸旧記』は可児郡説。不破郡出身の旗本、竹中重門が書いた『豊鑑』は土岐郡明知（智）説。また江戸後期の『新撰美濃志』は、土岐郡には明智という地名がないからと、恵那郡明智説をとる。小説も、この恵那郡説によっている。明智氏の系図も、ちょっと調べただけでも、二通りあった。土岐頼基と、土岐頼清の子孫たちである。このようにまちまちである。

可児明智の豪族か

とにかく、明智氏はその居住地明智荘を姓として発展した武士団である。せめて住んだところぐらいはわからないだろうかと、考えてみた。恵那郡明智町辺りの明智荘は、遠山明智と呼ばれている遠山一族の地盤である。このグループは、武田勝頼の東濃侵攻まで続いていた。とても土岐明智の入り込む余地がない。その点、土岐郡は土岐氏発祥の地。この地方で一門が栄えているが、残念ながら明智という地名がない。可児郡可児町の明智荘ならば、明智氏が定着できる可能性がある。

「もちろん土岐明智の地盤は、ここですよ」荒井は胸を張った。瀬田地区には、光秀の産湯《うぶゆ》の井戸跡とか、明智の居館跡という場所があった。また大屋敷、西屋敷などの地名が残っていた。

〝明智三千石〟といって、この一帯は、可児郡きっての米どころという。かつて明智八郷と呼ばれたこのあたりの米の生産高を計算したら、三千五百余石（石百五十キロ）となった。もし、明智氏がここだけの収入に頼っていたとすれば、徳川家の旗本クラスでさして実力者とはいえない。本能寺の変の前年、光秀が定めたという軍法によると、千石取りの

明智城跡（岐阜県可児市）

武士では、鎧兜《よろいかぶと》の武者二人のほか、鉄砲五丁、馬五匹。槍指物《やりさしもの》、幟《のぼり》など二十二本の編成が必要としている。三千五百石では、いずれにせよ百人ほどの軍勢しか編成できない。諸旧記は長山明智城で玉砕したときの明智勢は八百七十余人とする。明智氏は西濃地方にも領地を持っていたらしいが、これだけ集めるには、よほどの領地が必要であったろう。同書には知行一万五千貫（七万五千石）としているが、事実はどうだったろうか。

城跡にも開発の手

長山は全山、新第三紀層のもろいサバ土からできている。黒松を中心にした雑木林がびっしり。谷の両側の傾斜のところは山を削り、たて堀にしてある。尾根の所々に平坦地があったが、やはり斜面は急で、はっきり手を加えた跡がわかる。また尾根を掘り割って空堀にしたところもあった。あきらかに中世の山城形式を持っている。

「ここが本丸。そこが出丸」荒井が説明する。一度、谷におり、再び尾根にとりついた。「搦手《からめて》の砦だ」と荒井。その平坦部に戦死者の霊を慰める幽魂塔があった。

展望が非常に良い。東に恵那山、笠置山。西に鈴鹿山脈、伊吹山がはっきり眺められた。すぐ麓を流れるのが可児川。

明智氏玉砕の話を最初に詳しく紹介したのは『美濃国諸旧記』である。それには長井、国枝ら義龍軍三千七百騎の包囲を受け、明智方は華々しく散ったとある。

京の義龍

斎藤家の地位公認

応仁の乱から百年近くたっていたが、京の町はその後の戦乱や大火のため荒れ果てていた。しかし「日本の首都であり、内裏（天皇）と公方様（将軍）が住む最高の宮廷であるため、全国から人が集まっていた」といった意味のことが、そのころ都へ来た宣教師フロイスによって記されている（『日本史』）。当時の公卿の日記などをみても、また町衆などの動きからみても、荒廃したとはいえ町はようやく活気づきかけていたのである。

京の町に姿を見せた「お上りさん」の一人に、義龍があった。皇居の女官たちが代々書き伝えてきた『御湯殿上日記』の永禄二（一五五九）年四月二十七日の項に、彼の在京がはっきり記されている。美濃の朝廷領の年貢などを差し出すよう将軍、義輝を通じて、在京中の義龍に申し入れがなされたという記事である。

なぜ、義龍が京に居たのか。また、滞在期間はどの程度だったのかについては、はっきりしない。ただその月、幕府の相伴衆になったため、彼が礼銭を献じたという記録（『厳助往年記』）があるから、上京理由の一つに、相伴衆になったことをあげることができよう。

相伴衆は室町幕府の職名で、宴会などの際将軍に随行、陪席したり護衛に当たるのが任務である。山名、細川、佐々木ら名門の大名から選ばれたという。

その相伴衆に就任したのである。これは義龍にとり、重大な意味を持つものである。というのは、主家、斎藤家を倒し、さらに土岐守護家を追放、美濃を押領した道三の直系だけに、幕府にとっては好ましい家柄とはいえない。この種、下克上の行為は、幕府を頂点とする支配体制を維持する上から最も否定されるべき事柄なのである。それなのに、格式の高い相伴衆に登用されたことは、美濃での斎藤家の地位が幕府から公認されたことにもなるからである。

道三でさえ実現できなかった美濃の主としての地位の公認を、義龍は見事に取り付けたのである。それができたことは、義龍の政治的手腕のほかに、家臣たちが一致団結をして留守を守ったことにほかならない。

半年ぐらい在京か

義龍が署名した書状類は、全部で十二通残っている。うち年号のはっきりしているものを並べると、永禄元年四月（真桑井水に関するもの、「安藤文書」）から永禄三年十二月（伊勢神宮へ供米を送るもの、「神宮文庫所蔵文書」）の間、二年九カ月がブランクになっている。

この間に、同元年六月の真桑井水に関する六人衆連署状同二年十二月に立政寺（岐阜市）

に出された六人衆連署状がある。

　これは、義龍が相伴衆として上京していたので、留守を守った老臣たちが、国元の仕事を代行したことの現れと、推定できる。老臣たちがガッチリ国元を固めている以上、義龍は安心して滞在することができたといえよう。

　同元年の十月、義龍は朝廷に対し、なにか献上をしていることが、『御湯殿上日記』に書きとめられている。この時点で、すでに上京していたのではなかろうか。では、帰国したのはいつだったろうか。この点についても、記録は何も語っていない。同二年四月の礼銭進上は、義龍が相伴衆を退くに当たって出したものかもしれない。そうすれば半年間ほど在京したことになろう。同年の八月、郡上郡で戦いがあり、遠藤氏が東氏を追放した。この時、義龍が遠藤氏に郡内政事をみるように指示している（『史料総覧』）。すると、当時、義龍は帰国していたのかもしれない。

　永禄二年という年は、織田信長、上杉謙信らも入京している。いずれも義龍在京時とだぶるから、この三人は将軍邸で、お互いに顔を合わせた可能性がある。謙信の場合は二度目の上京で、正親町天皇にも謁《えつ》し、将軍からも好遇され感激しきっている。ところが信長の場合は、やや違っている。「公方、光源院義照（義輝）へお礼仰せられ、ご在京候き」と『信長公記』は簡単に記している。半面、お伴衆を八十人も連れて入京したとか、ここが晴れの場所とばかり、きらびやかに飾り立て、都大路を闊歩したことを強調している。

これは信長が義兄に当たり、なおかつ対立関係にある義龍を強く意識したデモンストレーションではなかったろうか。義龍は幕府の相伴衆。信長はまだ〝海のもの山のもの〟とも知れない尾張の一大名で、今川義元を倒す桶狭間合戦の前年のことである。京での勝負は、すでに決まったも同然であった。

信長が上京したのは、尾張での地位を将軍家に認めてもらうためだろう。さらに将軍家という〝バス〟に乗り遅れまいとする対義龍意識が働いていたことは否定できないようである。

六角氏との和平工作

相伴衆として幕府内で幅をきかしている義龍をみて、信長はにがにがしく思ったことだろう。そこへ追い討ちをかけるように、義龍は在京中の信長の暗殺を企てた。現在の上

六角氏の観音寺山城を望む（滋賀県近江八幡市）

京区小川通立売付近で刺客の手から逃れた信長は、間道伝いに急ぎ帰国する。義龍にしてみれば「長蛇《だ》を逸した」わけである。この時、信長を倒しておけば、斎藤家の運命は、もっと違った方向に進んでいたかもしれない。義龍の在京中の仕事として、斎藤・六角両家の和平工作が考えられる。

南近江半国の守護職で、土岐家と重縁関係にある六角承禎は、ことあるごとに斎藤を敵視していた。義龍は対信長工作の一つとしてまず西部国境の安全を期すため、六角と手を握ることを考えた。そして近衛家に預けておいた娘を、承禎の子、義弼のもとに嫁入りさせるよう将軍家を通じて運動したらしいことが、承禎の手紙（「春日文書」）から推定できる。

これは永禄三年七月に書かれたものであるが、「斎治（義龍）言上の儀、ご許容ならざるべきむね、公方様（将軍）に再三、申し上げた」と、承禎は記している。義龍の猛運動ぶりが想像される。

ところで、政略結婚の犠牲にされようとした義龍の娘とは、どんな女性だったろうか。これまたさっぱりわからない。ただ義龍の娘に「馬場殿」と呼ぶすばらしい美女がいた。義龍が死んで龍興の時代になると、信長が側室にと申し込んできた。「信長の妻からいえば姪《めい》に当たる娘を、正室でもどうかと思うのに、側室などとはもってのほか。身分を考えてみよ……」と、龍興がカンカンになって怒ったという話がある（『濃陽諸士伝記』）。案外、この女性が結婚話の主人公でなかったろうか。

六角氏との和平交渉は、うまくいかなかったらしい。義龍は帰国した。彼を待ち受けていたのは、美濃の禅宗が二派に分かれての争い、別伝騒動であった。

桐の紋

岐阜市、常在寺に伝わる道三義龍父子の画像を見ると、道三は「二頭波」紋の肩衣袴《かたぎぬはかま》、義龍は「桐」（五三の桐）の紋をつけた直垂《ひたたれ》を着ている。ところが、斎藤の家紋は「なでしこ」

五三桐の紋

二頭波の紋

と「梅」である（『美濃明細記』）。なぜ父子は違った紋を使用していたのだろうか。

道三画像の二頭波についてはわからないが、義龍画像の桐は、一応うなずける。というのは義龍が相伴衆を辞した直後と思われる永禄四年に、松永久秀の主人、三好長慶父子が相伴衆になっている。そして将軍から桐の紋を拝領「こんな名誉なことはない。家門の誉れ」と手放しで喜び、お礼に将軍を自宅に招待している。だから長慶の画像（京都市・聚光院蔵）も、くずれてはいるが桐紋の直垂姿である。義龍も相伴衆として在京していた時代に、桐紋を将軍からもらったのでなかろうか。

長慶がその拝領を喜んだように義龍も感激したことであろう。桐紋は天皇家の紋で、足利将軍家がもらったものである。将軍としては足利家に貢献した人物とか、政治的に利用価値のある人物にしか使うことを許さなかった。この点徳川将軍家が「葵《あおい》」の紋を重臣たちに下したのと、よく似ている。

桐紋をつけることにより、幕府の直臣としての地位を天下に公表することになる。義龍の得意さがうかがえる。

信長が桐紋を将軍家からもらうのは、義龍に比べやや遅れ、永禄十一年のことである。信長の一周忌に描かれたという画像（愛知県・長興寺蔵）も、やはり桐紋をつけている。

別伝騒動

伝燈寺

江戸中期にできた『濃陽志略』には早田村の庚申堂は東伝寺と呼び、修験者（山伏）が住んでいる。かつて斎藤義龍によって創建された禅寺、伝燈寺の跡であると、詳しく記し

伝燈寺跡にある庚申堂（岐阜市）

ている。早田村は現在の岐阜市早田で、庚申堂が長良川の左岸なのに同地区は右岸にある。ちょっと納得できないことであるが、長良川が現在の河道を流れるようになったのは江戸初期以降である。それ以前、早田は川の左岸側にあったのである。

義龍が美濃の財力を注ぎ込んで建てたという伝燈寺の敷地は、現在の庚申堂付近ばかりでなく、現長良川の河川敷まで広がっていたことだろう。道三の時代は美濃一国をまとめるのが精いっぱいだった。義龍の時代には、お寺を建てるだけのゆとりが出てきている。ある程度、国内が安定したからであろう。こんなところにも義龍の力のほどが、うかがわれる。

お堂の右手に江戸中期の年号を持つ墓が三基あった。うち二基には権律師という文字がはっきり読み取れた。このお堂に住んだ山伏の墓だろう。片隅に宝篋印塔の地輪に五輪塔の笠二個と宝珠を重ねた高さ五十センチほどの墓があった。古い形式のものである。

義龍の急死でケリ

伝燈寺の住職は別伝と呼び、政僧としてはなかなかの人物だったらしい。別伝は義龍を利用して、美濃の禅宗をわが手に握ろうとした。というのは当時の美濃には、臨済宗妙心派四派（竜泉・東海・霊雲・聖沢各派）のうち瑞龍寺（岐阜市）を開山した、悟渓国師の流れを汲む東海派が中心になって、竜泉・聖沢各派の寺院があった。別伝は霊雲派に属していたが、同派は美濃に足がかりさえなかった。「この際、美濃の禅寺を掌握して、霊雲派と別伝の名を上げよう」。別伝は、そのような気持ちになっていたとみたい。

永禄三（一五六〇）年十二月、義龍は伝燈寺を通じ美濃の禅寺に指令を出した。国内の禅寺は今後、何事によらず伝燈寺に帰属しその指示に従えといった内容のものであった。

義龍の権威で、この指令が実現すれば問題はなかったのだろうが、世間はそう甘くなかった。東海派など三派の禅僧は崇福寺（岐阜市・東海派）の住職、快川紹喜らを中心に、反別伝を唱え立ち上がった。

史家はこれを「別伝騒動」などと呼んでいる。義龍を巻き込んでの禅宗の内紛であったが、別伝と義龍の呼吸がピッタリ合っていたため、反別伝派の思惑どおりにはいかなかった。騒動は次第にエスカレートし、快川ら長老たちは瑞泉寺（愛知県犬山市）に脱出し、妙心寺と連絡を取りながら別伝の僧籍を削らせるなどの対策を練った。義龍が帰国を勧めると快川は「義龍は一国の主、衲僧（禅僧）は三界の師なり。三界の広きをもってあに一国の狭きに換えんや」といった返事を出しているほどで、一歩も引かなかった。

別伝もだまっておれず、義龍を通じ快川の僧籍を削るように妙心寺に申し入れたり、また将軍義輝を動かし、紫の衣の着用を朝廷へ願い出るなど、政治的な駆け引きが永禄四年五月十一日まで行われた。だが、この日、義龍が急死した。

首謀別伝は追放

義龍という強大なスポンサーを失った別伝は、あわれであった。〝まな板にのせられた鯉〟のように伝燈寺の方丈で、快川らの仕返しを待つばかりであった。

一方、義龍の死を聞いた織田信長は、チャンス到来とばかり、十三日に美濃攻撃の兵を進めた。各所に放火したらしい。その時、別伝は放火犯人をかくまっている。信長に食い込もうとする下心でもあったのだろうか。

とにかく放火犯をかくまったことが露見、身に危険がせまったので、別伝は美濃を逃げ出した。その後、彼の消息はわからない。

以上が梅龍寺（関市）に伝わる古記録『永禄沙汰』などが伝える別伝騒動の大筋であるが、別伝は果たして美濃を逃げ出したのだろうか。とにかく快川ら美濃禅宗の長老たちを相手にして、対等に闘った男である。義龍の心をとりこにした男である。身の危険といった理由で逃げ出すことは考えられない。

その点、快川の晩年がよく似ている。天正十（一五八二）年武田氏が滅びた時、快川は恵林寺（山梨県甲州市）の住職におさまっていた。そこへ織田勢に追われた六角次郎（六角承禎の子で義治とも賢永ともいわれている）が逃げ込んだ。快川は次郎をかくまい、無事に逃がしてやった。その報復として織田勢の火攻めに遭い、「安禅必ずしも山水をもちいず。心頭滅却すれば、火もまた涼し」という名言を残して死んだという。

これが、やはり有徳の僧としての歩むべき道なのでなかろうか。別伝もおそらく、斎藤勢のなすがままにしていたのであろう。快川が禅昌寺（下呂市萩原町）に宛てた手紙によると「別伝、竜谷両外道、遠流せらる」と記されている（『明叔録』）。うち竜谷は、大龍寺（岐阜市）の僧で、別伝派である。「遠流といっても当時は島流しなどの刑は行わなかったから、遠隔地へ追放されたのだろう」と、吉岡勲岐阜市金華小学校長は語る。別伝は追放されたのである。

発端は天文末か？

別伝騒動は永禄三年十二月、伝燈寺が各禅寺に出した義龍の指令によって表面化したとされている。だが、実際にはどうだったろうか。

別伝は「弘治・永禄の際、義龍の信仰を得、少林山伝灯護国寺を建立す」と『濃飛両国通史』にあるが、別伝は天文末期すでに美濃に来ており、義龍が帰依していたのでなかろうか。その時すでに、美濃の禅宗をわが手で抑えようとの野心を持っていた。たまたま旧体制派の道三が快川らを助けたため、両派のバランスがそのまま維持されてきた。義龍の代になり完全に美濃一国を治め、上京して将軍家に斎藤の地位を公認させた。すると別伝が野望を果たすべく動き出したのであろうか。

ところで帰国した快川は、得意の絶頂にあった。禅昌寺に出した手紙に、義龍の急死は法罰であり、天罰であるといったことを記しているのでもわかる。とにかく気に食わなかった義龍を、くそみそにこき下ろしているのである。

ここに「心頭滅却すれば……」の悟りは見られない。しかし、快川にはこのような人間臭さがある。

その快川も、義龍の葬儀には導師として出席、「華山紅葉化蒼竜　南北東西風雨従……」の法語をしている。一時的な激憤もすっかりおさまり、有徳の僧としての面目を発揮している。「別伝の乱」では政僧として活躍した彼が、高僧、名僧に変身する転機の時でもあった。

永禄四年、快川六十歳、義龍三十五歳、信長二十八歳。別伝の年はわからないが、快川と同じくらいでなかったろうか。

信長対義龍

苦戦しいられた信長

織田信長という武将は、戦えば必ず勝つ戦《いくさ》の神様のような存在だったと、一般に思われている。小兵力で今川の大軍を破り、義元を討ち取った桶狭間合戦のイメージが、信長ファンの間に根強く広がっているためである。実際はどうだったか。とても〝百戦百勝〟といった調子にはいかなかったらしい。最も斎藤龍興（道三の孫）から稲葉山城を奪ってからは、上げ潮の勢いで比較的順調にいったようだが、若いころは一門同士の争い、今川氏の侵入など苦戦の連続だった。プロ野球に例えると、四割近い打率をあげるのは、稲葉山城占領以降のことである。それまでは、戦国球団でも最下位の線をうろうろしていたわけである。

道三健在のときは、信長は娘婿ということで、まだよかった。しかし義龍の時代になると、美濃、尾張両国は戦闘状態に入った。この場合、戦いの主導権を握るのは義龍で、信長は引っかき回されてばかりいた。ただ義龍は父道三が美濃一国を掌握するため、さんざん手を焼いた現実を十二分に知っていた。そのため斎藤武士団の育成に力を入れていたのか、隣国への侵攻については消極的だった。それが信長に幸いした。

しかし永禄二（一五五九）年の上洛《じょうらく》中、義龍の刺客にねらわれたことがあった。この時、滋賀県・守山から雨の中を間道伝いに「はつふ峠（滋賀・三重県境の八風峠）を打ち越し、清洲まで二十七里（約百八キロメートル）、その日の寅刻《とらのこく》（午前三時ごろ）に清洲へご参着」したと『信長公記』は述べている。百八キロの道程を、ほぼ一日で飛ばしたのである。〝電光石火〟の行動というより、あわてふためいて逃げ帰ったと見たほうがよかろう。

飛躍のワンステップ

青年時代の信長が本拠の地としていたのが愛知県西春日井郡清洲町（清須市）にある清洲城である。五条川と国鉄（ＪＲ）東海道線、東海道新幹線に挟まれた約八百五十平方メートルの狭い土地が、現在、城の中心部として残されている。土塁らしいものもあり、そこには信長を祭った小さな祠《ほこら》や、伊勢の学者、斎藤拙堂の撰《せん》文による清洲城碑などが、ひっ

清洲城跡（愛知県清須市）

そり建っていた。

信長は、天文二十三（一五五四）年に清洲城に移った。それまで那古野城（現名古屋城の二の丸辺り）にあり、今川氏の圧力に対していた。尾張にとっては東の生命線である那古野城を捨て、なぜ清洲城に移らなければならなかったのだろうか。

その父、信秀は津島、熱田両港の経済力と西尾張地方の豊かな農業生産力をバックに、尾張の統合を図ったが、それが完全に実現しないうちに死んだ。信長の時代になると、再び同族同士の争いが起きた。信長としては、この際、本家筋に当たる織田守護代家をしのいでいた信秀の実績を強調し、また良き理解者である道三との連絡を密にするためにも東寄りの那古野から尾張のほぼ中央に当たる清洲へ移ったとみてよい。

「清洲の城は尾張の守護職、斯波氏がおり、ここに入ることは斯波氏の守護代（守護代理）になったことを宣言するものです。信長は、そのような宣伝効果をねらったのでしょう」と、郷土史に詳しい林正治清洲町長は語る。信長にとり、清洲入城は飛躍の第一歩だったわけである。

妻の父、道三は、信長を高く評価していたという。天文二十三年、今川氏との合戦に際し、安藤守就らの軍勢を援軍として出したとき「恐るべき人物だ……」と道三がもらしたといった話や、富田聖徳寺での会見のあと、「子供たちは彼の門前に馬をつなぐことになろう」と述べたことでもわかる。これは『信長公記』にある話だから、ある程度、割引して考えなければならない。それでも若き日の信長は、傑出していたといえそうである。

さらに、京都・妙覚寺に伝わる道三の遺書には、「終《つい》には織田上総介、存分に任すべくの条……」と、彼に美濃一国を譲るむねが記されている。そのくらい道三は信長を買っていたといわれる。だが、実際に道三は信長に美濃を譲るといったかどうか。疑問である。

信長が清洲へ移ったのは二十一歳のとき、道三戦死の二年前であった。

義龍の謀略工作

道三健在のときでさえ、信長の家臣団は、信長派と弟の信行派に分かれにらみ合っていた。老臣の一人、坂井大膳がそむいたり、鳴海城主山口教継父子が今川方へ走るなど、信長の家臣団はバラバラだった。一族の織田秀敏は、家中の不統一ぶりを道三に知らせ欺いているほどである。

こんなとき、道三が戦死したのである。よき理解者を失った信長は、ガックリしたことであろう。

一方、チャンス到来とばかり、義龍は活発な尾張かく乱作戦を展開した。「ご舎兄、三郎五郎殿、すでにごむほんおぼしめしたち、美濃と仰せ合わされ候様子は……」といったことが『信長公記』に述べられている。三郎五郎とは信長の腹違いの兄津田信広で、この時、義龍と示し合わせ清洲城を奪おうとしていたのである。

「近日は申しせしめざる候、所存のほかに候（中略）召し遣わし候は委曲申し含め、これを進め候、直に聞こし召さるべく候。なお重ねて申し入るべくの間、閣筆候」これは「斎藤高政書状」（徳川黎明会蔵）として伝えられている。宛先は織田武蔵守で、四月十九日付となっている。高政というのは義龍のこと。武蔵守は信長の実弟、末森城（名古屋市千種区）主、信行である。

義龍は対立関係にあった信長の実弟に対しこのような親しい間柄といえそうな手紙を送っている。それに、詳しいことは使いの者に申し含めておいたので、直に聞いて下さい。くれぐれもお願いすると述べている。よほど重要な使いが、この手紙と一緒に末森城に出かけたのでなかろうか。私は、義龍が信行に対して行った反信長のための謀略工作の使いだったと見たい。

信行は永禄元（一五五八）年、反逆のかどで信長のために殺される。義龍が最も期待していた工作の拠点は、あっけなく崩れ去った。

反撃のチャンス到来

このほか織田の一族で、最後まで対立関係にあった岩倉城（愛知県岩倉市）主、織田信賢についても、義龍は離反の工作を行っている。信長にとり、信賢は一門中、最も実力者だっただけに、非常に煙たい存在であった。その信賢がそむいた。永禄元年夏のことである。信長は岩倉勢と浮野（一宮市千秋町）で戦い、大打撃を与えた。当分、信賢の再起は無理と考えたのだろうか、翌年二月の上洛となった。そこを義龍の刺客にねらわれた。義龍にしてみれば、かく乱工作はいずれも不発に終わった。この上は暗殺をと、刺客を送ったのであろう。

信長が急遽《きゅうきょ》帰国したのは、義龍の息がかかっている信賢が、痛手を受けたとはいえ健在である。留守中に美濃と共同し、戦闘行動を開始されてはたまらないといった考えがあったのでなかろうか。

帰国するとすぐ岩倉城攻めを開始した。義龍が上京中のため、美濃からは援軍は来ない。岩倉城は簡単に落城した。この落城によって織田一族はほぼ信長の命令に服することになった。

以上のように、青年時代の信長は、義龍のためいつも受け身の立場におかれていた。「一矢報いよう」と思っても一族や家臣が信用できないため、手を出す余裕がなかった。ところが岩倉落城、信賢の無条件降伏により、一応は尾張の統一が実現した。翌年の五月桶狭間合戦があり、信長が今川軍に大勝する。これも尾張が一本化した直後だったから奇襲作戦が見事に成功したのだろう。

この余勢をかって、同年の八月には美濃攻めを行った（『総見記』）。といっても、義龍と正面衝突するだけの自信がなかったらしい。西濃方面をちょっと荒らしただけで引き揚げた。もちろん義龍も傍観していたわけではない。丸毛、市橋、長井らの部隊を出動させて応戦している。信長にしてみれば、今まで尾張を引っかき回された仕返し第一弾のつもりだった。このあと、美濃では別伝騒動が表面化する。義龍にとり、まさしく内憂外患の時代になったわけである。

義龍政権

忘れられた存在

国盗り時代の東海地方は、義龍がいたためにより複雑な様相を見せ、戦国史を面白くさせた。信長が尾張一国の平定に苦しんだ舞台裏に、義龍の存在を見ることができる。義龍がいなければ、信長の上洛《じょうらく》はもっと早い時期に実現していたかもしれないのである。また〝海千山千〟の美濃武士団をまとめ、道三以来の斎藤家（歴史家は後斎藤と呼び、妙椿、利安らの前斎藤と区別している）の家名を守り通したのも、義龍の力であった。

このように歴史上重要な地位を占めていたのが義龍である。

隠居しなかった道三

一般に義龍は天文十七（一五四八）年、父道三が鷺山城に隠居したので、その後を継いで斎藤家の当主になったとされている。これは『美濃国諸旧記』に記すところであるが、実際にはどうだったろうか。

この年は美濃、尾張両国間に和平が成立、義龍の妹が信長の嫁になる。道三がいつも苦しめられた尾張の圧力が一応、解消されたのだから、隠居するタイミングとしては非常によい。

だが、道三としては、まだ五十五歳。働き盛りである。義龍は二十二歳。もう一人前だが、権謀術策の時代を生き抜いてきた道三にとり、まだ全権をまかすのには不安があったと見たい。天文十九年に真桑(本巣市)、名主百姓あてに出した井水許可状。同二十年、西圓寺(大垣市)に出した安堵状など道三署名の公式文書が残っているところからみても、家督を義龍に譲り隠居したとは考えられないのである。おそらく、『美濃国諸旧記』にいう十七年は隠居したのでなく、頭を丸めて道三と名乗った年なのだろう。天正十三年、井上才八という男に与えた書状に道三の署名がある。これについて『岐阜県史史料編』は、研究の必要があるとしている。

ところが義龍にしてみれば、いつまでもオヤジの権威を振り回す道三に対して、不満を持っていたに違いない。「心がゆるゆる(緩緩)として穏当なるものに候」(『信長公記』)といった人柄だっただけに、我慢をしていたのだろう。それが自分を廃嫡《はいちゃく》して、弟を後継者にしようとする道三の心を知るにおよび、弘治元(一五五五)年、長井道利、日根野弘就らの協力で、二人の弟を謀殺することになる。その前年、道三は井口道場(岐阜市、浄安寺)に書状を出しているが、直ちに義龍も同じような内容の書状を与えている。これを見ても、親子の対立が表面化していることがわかり、義龍の発言力は、相当に強くなっていたことが推定できる。この背景に美濃武士団（国人層）のバック・アップがあった。

目立つ老臣連署状

『岐阜県史史料編』によると、道三時代に比べ、義龍時代になると、斎藤家の老臣たちが名前をつらねた連署状が目立ってくる。

道三が第一次土岐頼芸追放に成功してから戦死するまでの十四年間に記された斎藤家の老臣連署状は、わずか二通しか残っていない（いずれも「村山文書」）。土岐頼次に対する所領保証のため三人の老臣が出したものと、尾張にいる主君、頼芸の帰国要請に四人の老臣がサインしたものである。

名前をつらねているのは稲葉良通（一鉄）、氏家直元、安藤守就。不破光治が一通にだけ署名している。これらの武将は「西美濃三人衆」だとか「四人衆」と呼ばれ、当時美濃武士団の要《かなめ》になっていた。

義龍は道三を倒してから、わずか五年という短期間しか国の主の座にいなかった。それなのに四通もの老臣連署状が残っているのである。

永禄元（一五五八）年真桑井水についての六人衆のもの二通（「安藤文書」など）。同二年に出した六人衆の禁漁に関する書状（「立政寺文書」）。福島新四郎に出した六人衆の書状（神宮文庫）がそうである。

親と子の両時代の連署状を比べると、義龍時代のそれは公的な性格が強い。それに記されている字句の中から、家臣団が義龍を盛り上げていこうといった気持ちがにじみ出ている。逆に道三時代のは、道三の悪口まで出ており（頼芸宛てのもの）、道三と連署者の間に、深い溝のあることが推測される。

両時代の連署状から、道三と義龍がどの程度、武士団の支持を得ていたかが、はっきりわかるのである。

四人衆からは二人

では、義龍を支持した中心人物、つまりブレーンは、どのような顔ぶれだったろうか。

まず連署状の加判者たちが、そうだったと考えたい。すると長井衛如、竹腰尚光、日比野清実、日根野弘就、安藤守就、桑原（氏家）直元、の、六人が浮かぶ。うち桑原は三通、氏家は一通に署名している。

道三時代に〝幅〟を利かせた四人衆のうち義龍時代の連署状にも登場しているのは安藤と氏家だけである。あとは、新顔ばかりで、このあたりに新旧勢力の交代をうかがうことができる。

新顔の長井は前斎藤の一族とみられ、父道塵を長良川合戦で失った竹腰とともに、道三とは感情的にうまくいかなかった間柄でなかったろうか。日根野は義龍の内命を受け、彼の弟二人の謀殺に、協力した人物で、日比野、桑原とともに道三時代は〝冷や飯〟組だったらしい。このほか連署状には出てこないが長井道利、宇佐見左衛門尉らも、前記六人衆以上に重用されている。

梅龍寺（関市）に『永禄沙汰』という信用度の高い古記録がある。義龍時代にあった禅宗の内紛を記したもので、この中に六奉行とか、井口奉行衆という名称が出てくる。義龍政権を支えた中心がこの六奉行で、メンバーは連署状の署名者六人で構成されていたのではなかろうか。『永禄沙汰』には手紙なども紹介されているが、それには奉行衆として日根野、竹腰、安藤、氏家が顔を出している。

いずれにせよ、彼らが道三時代の行きがかりや立場を捨て、義龍政権の前面に登場したことは、義龍の人材登用の巧みさを物語るものでもある。

さらに、明応五（一四九六）年に終わった船田の乱以降、道三の時代まで、美濃には内乱が絶えなかった。その間、長井新左衛門やその子道三の台頭でシンボライズされるように、祖先から持ち続けてきた領地は、強い勢力によって蚕食された。このような危機感をだれよりも強く、切実に感じたのは、弱小国人層だった。義龍は彼らの心理をうまく捕え斎藤政権の維持に利用した。〝一匹狼《おおかみ》〟的な存在だった道三に比べ、義龍は合理的に戦国の世を生き抜いた人物と言えるようである。

「勢の使いよう、武者くばり、人数のたてよう、残るところなき働きなり。さすが道三の子にて候。美濃の国治むべきものなり。とかくわれ、誤りたるよ……」と、戦死直前の道三が、義龍についてこのように批評したと、『大かうさまくんきのうち』に記されている。また『武将感状記』も「暗に人情を察しひそかに時勢を謀いてよく勘弁す」と、書いている。義龍を適切に言い表した言葉ではなかろうか。

義龍の死

義龍は、永禄四（一五六一）年五月十一日に死んだ。三十五歳だったという（『美濃明細記』など）。

前年の三月、義龍は息子を、また六月には正室、一条殿を、いずれも病死させている。それから一年後に、自分が死ぬとは夢にも思わなかっただろう。

親子三人の病死について「ある時、やがてつき候て奇異のわずらいあり。百座のごま、千座のごま万座のごまをたかせ、さまざまきとう候へども、遂に平癒《ゆ》なく父子三人病死。天道おそろしき事」と、『大かうさまくんきのうち』は記している。親子三人が奇病にとりつかれたので、ごまをたいて祈祷《きとう》し、神仏にお願いしたが効果なく三人とも死んだ。これは親の道三を殺した天罰であるといった意味である。親子三人が一年ほどの間に、バタバタ死んだことが、天罰説に結びついたのだろう。『江濃記』も、はっきり天罰だと書いている。快川国師も手紙（『明叔録』）で「義龍不慮の逝去、蒼天、法罰か天罰か」と、記している。

義龍の死で信長美濃攻め

神戸市場にも制札

安八郡神戸町神戸、高橋宗太郎家に三枚の制札がある。うち一枚は永禄四（一五六一）年六月に、神戸市場宛てに出されたものである。乱暴するな、陣地を設けたり放火するな。竹や木を切るなの三カ条が、縦約四十センチ、横三十六センチの檜《ひのき》の板に記されている。署名はないが花押がある。

大小十数個の点で構成された花押で、珍しいスタイルである。全く同じ花押の書状が羽島市桑原町八神の毛利広之方にもある。これには信長と、はっきりサインがある。すると、神戸市場に出された制札は、織田信長のものであることがわかる。

この制札が出された年の五月十一日に、美濃の斎藤義龍は急死した。斎藤家にとり、また、その家臣団にとり、大黒柱を失った悲しみにくれていたとき、信長勢は大挙して美濃路に攻め込み、斎藤家の地盤である神戸市場にまで制札を出したのである。

信長は義龍の謀略作戦に、キリキリ舞いをさせられた。義龍死去の知らせに、ホッと胸をなでおろしたことであろう。後、斎藤三代目の当主になった龍興は、まだ十四歳。現代流でいえば中学校の二年生で、〝海千山千〟の美濃武士団を号令する力はまだない。まさに好機到来であった。

森部合戦の碑（岐阜県安八町）

『信長公記』によると、義龍が死んだ二日後の五月十三日には木曽川を越え、海津郡（海津市）平田町から安八郡安八町森部方面に進み、斎藤勢と戦っている。このあと神戸市場を押さえ、井ノ口（岐阜市）に放火、墨俣の砦《とりで》（大垣市墨俣町）を占領している。

上杉謙信は武田信玄の死を聞いたとき、食事中であった。箸《はし》を落とし〝好敵手〟を失ったことを悲しんだという。そんなところに鎌倉武士的な風格があるが、信長にはそれがない。あまりにも近世的な武将である。後に将軍義昭を追放するが、そのことや相手の不幸につけ入って美濃侵攻を開始するなど、中世的な感覚ではできないことだ。このセンスが天下平定につながる。

ところが斎藤方としては、主君の葬式のどさくさに攻め込まれたのだからたまらない。うち森部の戦いで、長井衛如、日比野清実、神戸将監といった武将たちが戦死している。うち長井、日比野は、義龍のブレーンとして、美濃武士団の中にあって重きをなしていた人物である。

もちろん、斎藤方としても、敗けてばかりはいなかった。深入りしてきた信長勢を襲い織田信清の弟を討ち取っている。しかし、結果的には信長美濃侵攻の第一ラウンドは、信長方の判定勝ちといえる。

足並み乱れる斎藤方

信長の攻撃は、その後も毎年のように行われた。それを年表に整理すると、次のようになる。

永禄六年春　新加納（岐阜市）付近に放火
八年八月　犬山城（愛知県犬山市）・金山城（可児市）攻略
同年九月　堂洞城（加茂郡富加町）攻略
同年九月　関城（関市）攻め
九年八月　河野島（各務原市）へ侵攻
十年九月　稲葉山城（岐阜市）攻略

面白いことには夏から秋にかけての戦いが多い。このことは、収穫期をねらって田や畑を荒らす目的が潜んでいる。また冬場と違い農繁期であるから、このシーズンの戦闘に農兵たちの出動は期待できない。すると織田勢は、足軽、雑兵に至るまで専従者、つまり職業化された兵士が中心になって組織化していたらしい。

斎藤勢の場合、まだ農兵中心で、迎撃態勢を整えるのに手間どったのでなかろうか。さらに悪いことには、美濃武士団の中心勢力となるべき美濃三人衆が織田への接近工作を開始しており、足並みが乱れていた。それに若い龍興の守り立て役だった長井、日比野の二武将を失っている。

全く悪い条件づくめである。これでは受け身に回らざるを得ない。ただ一つ、木曽、長良、揖斐三川が乱流している水場地帯の利。これだけが斎藤方にとり、国土防衛の盾《たて》となった。

墨俣に前進基地を

この地の利のため、信長の西濃侵攻は、とかく苦戦を強いられた。特に軽海合戦では、一族、織田信清の弟が戦死するありさまだった。そこで美濃国内に前進基地を確保するため、墨俣を恒久的に占領する必要にせまられた。

信長は、四年と九年に、墨俣に砦を築いている。このうちのどちらかが、『太閤記』にある木下藤吉郎の一夜城築城伝承であるが、現在では、墨俣には古くから城があったと考えられている。「秀吉、永禄六年のころ、これにいる」という『美濃明細記』の記載が自然である。九年築城では稲葉山城の落城までの間が、あまりにも短過ぎるのでなかろうか。

墨俣の砦は当時木曽・長良両川の合流地点にあり、川は海のように広々としていたという。現在では河川改修などで河道がすっかり変わっている。

浅井勢も大挙侵入

織田勢の攻勢を、挙国一致で食い止めようとする態勢が、齋藤方になかった。〝桔梗一《ききょういっ》揆《き》〟の勇名をはせた美濃武士団の団結が、崩れようとしていたのである。

美濃三人衆と呼ばれる稲葉、氏家、安藤などの諸豪族が動揺の震源地だった。彼らは祖先伝来の領土を保つために、龍興を見限り信長に接近する動きをみせていた。かつて義龍が尾張に対して行った工作を、今度は信長が美濃に実施したのである。

それをにがにがしく思ったのは、義龍のブレーンの一人日根野弘就である。近江北部の大名、浅井長政と連絡、浅井勢を美濃へ引き入れ、三人衆をけん制した。その進撃ぶりは目ざましく、美江寺（瑞穂市）付近まで浅井勢が押し出した。永禄六年のことである。『江濃記』は七年と記している。

後に、織田と浅井の同盟が成立、信長の妹、お市の方が長政の室となった。その時お市の方のお供をしたのが安八郡の豪族、不破光治であった（『美濃明細記』）。彼は三人衆の次に信長に仕えたという。すると、その前年、三人衆は公然と斎藤家に反旗をひるがえしていたのでなかろうか（お市の輿入れの時期には諸説ある）。

長政の美濃侵入に際し、龍興の伯父に当たるとされる長井道利が江濃連合を図り、信長に備えようとした。たまたま南近江の守護大名、六角承禎が浅井の留守を攻めたため、浅井勢は急いで軍を引き揚げた。

浅井勢は、同三年三月にも美濃へ兵を入れている。当時、義龍は健在、別伝騒動に首を突っ込み、反別伝派に振り回されていた。それに義龍は長政の妹「近江の方」を正室にもらっており、いわば義兄弟の間柄である。だから浅井勢の美濃攻撃は常識では考えられない。とすると、この時も三人衆の動きがおかしく、日根野が画策したのではなかろうか。

三人衆は、斎藤家のアキレス腱だった。義龍の時代、こつこつと蓄積してきた斎藤武士団の威力は、三人衆の離反によって内部から崩れた。

信長によって打ち込まれた楔《くさび》墨俣は、西濃を地盤とする三人衆らと、稲葉山城との離間に、大きな役割を持つ存在になった。斎藤氏の崩壊を早める促進剤であった。

信長はこのあと、清洲城から小牧山城へ本拠を移した。今まで主として西濃方面に向けていた攻撃目標を、東・中濃方面へ切り替えたのである。

龍興の苦悩

半兵衛のクーデター

岐阜市の中央部にそびえる金華山（海抜三二九メートル）の山頂に、昭和三十一（一九五六）年、岐阜日日新聞社の提唱で再建された岐阜城天守閣がある。織田信長が築城したときの姿を再現したものだという。それ以前、どの程度の規模の城があったかわからないが、道三、義龍、龍興の後斎藤三代、三十年近くの在城時代にかなり整備されていたに違いない。

豊臣秀吉の軍師として『太閤記』などで有名な竹中半兵衛重治がこの城の城主としてごく一時的だったがおさまっていたことがある。永禄七（一五六四）年二月のことであった。

それは、半兵衛の妻の父で西美濃三人衆の一人である伊賀（安藤）守就の協力を受けて、クーデターを起こし、稲葉山城を占領した。不意を襲われた龍興は、延永（日根野）弘就らを従え祐向山城（本巣市）から、さらに揖斐山城（揖斐郡揖斐川町）へ脱出、しばらくにらみ合っていた。半兵衛はやがて城を龍興に返し退去したと、いうものである。この時、半兵衛は十九歳。龍興は十七歳であった。

なぜ半兵衛が城を占領したのか。暗愚な龍興をいさめるためとか、龍興に恥をかかされた仕返しなど、いろいろと言われているが、正確なことはわからない。現在では、このクーデターは半兵衛の智謀を物語る材料として紹介されているが、当時としては主家に〝弓をひく〟けしからん男として、ひどい評価を受けていたらしい。

竹中半兵衛の像（岐阜県垂井町）

それを裏付けるものとして、当時、崇福寺（岐阜市）にいた快川国師が禅昌寺（下呂市萩原町）へこの事件を知らせるため出した手紙がある。「恥を知らず義のあらざるはともに、みな彼両人（半兵衛・守就）の幕下に属す。ああ、恥を知り義があり、命を軽んずるは太守（龍興）に就くなり」（『明叔録』）といった内容になっている。半兵衛方に対する〝風当たり〟の強かったことがわかる。

三好と同盟関係？

龍興は、暗愚な太守だったのだろうか。井ノ口将軍と呼ばせ、国内を回り百姓、町人の妻や娘を奪うなど非道の行いがあったという記録もあるが、どうも作り話くさい。信用できる記録には、全く彼の人柄が紹介されていないため、どちらとも言えない。しかし残されている手紙をみると、涙ぐましいほど彼は美濃の安泰のため努力している。その手紙、二通だけ所在がわかっているがいずれも〝遠交近攻〟策のため出されたものである。

うち一通は、室町幕府の重役、伊勢加賀守に宛てた（「彰考館文書」）「義興との間のことについて、うまく取りはからってくれてうれしい」といった意味のもの。六月七日の日付がある。義興とはいったい、だれだろうか。調べたところ三人の大名が浮かんだ。大内義興、大宝寺義興、三好義興である。

大内は山口県で、時代はやや前、大宝寺は山形県で、遠隔地過ぎる。三好は四国東半分と淡路島、近畿地方の淀川筋などを押さえており、さらに斎藤氏と対立関係にあったとみられる六角氏とも仲が悪く、永禄五年には合戦さえしている。だから三好が斎藤と同盟を結んでも不自然でない。

幸い、伊賀守就、延永弘就、成吉（竹腰）尚光、氏家直元ら龍興の老臣たちが、幕府の重臣に出した手紙（「尊経閣文庫」）が残っており、それで龍興書状の義興が三好義興であることがわかる。

この連署状は三月十五日付で内容は、三好殿との間に誓詞を取り交わすことにした。このことについて加賀守殿も、任せられたという意味になっている。加賀守殿は龍興書状の宛先、伊勢加賀守だろう。また連署状には芥川という地名もあり、三好殿という文書のつながりからみると高槻市芥川に違いない。ここは三好長慶、義興父子の本拠となったところである。

義興は永禄六年八月、家臣の松永久秀のため、芥川の城で毒殺される。すると、龍興の手紙はそれ以前、二年間ほどの間に書かれたのでなかろうか。

　このような外交政策は、もちろんブレーンたちによりお膳立てがなされたのだが、年少の龍興も戦国の荒波にもまれながら、美濃一国を背負い懸命に生き続けたと見たい。それが智将半兵衛や、英雄信長の人気に押されたため、暗愚の将といった低い評価しか与えられなかったのだろう。

武田氏へも接近

　永禄七年。龍興にとり全く多難な年であった。半兵衛のクーデターにより、家臣団の結束の弱さが明るみに出た。織田信長が北近江の浅井長政と攻守同盟を結び、西と南から美濃への圧力をさらに強めはじめた。また、東中濃方面に対する信長の攻撃が開始された。美濃はピンチに立たされた。

　この年の十一月、快川はふるさとを離れ、甲斐の恵林寺（山梨県甲州市）に入った。武田信玄に招かれたためであるが、快川の心の底には、倒れんとする斎藤家を武田家に接近させることで支えてやろうといった気持ちがあったためらしい。

　それを裏付ける龍興の手紙（「武田神社文書」）がある。これには義棟と署名してあるが、花押が龍興と同じであり、彼がこのように名乗っていたことがわかる。

十一月七日付で、宛先は「恵林寺侍衣閣下」つまり恵林寺の住職である快川に出したものである。内容の前半は、「彰考館文書」の龍興書状とよく似たスタイルで「信玄と義棟との間を取り持っていただきありがとう。使いの者に小刀十丁、ドンス二反を持たせました。よろしくご指導のほどを……」といったものである。この手紙は永禄八年か九年のものと、信玄研究家の野沢公次郎（山梨県甲府市）は語る。すると快川は甲斐に入るとすぐ龍興を信玄に近づける工作をしたのだろう。

信長にとり、信玄健在の武田軍団には、歯が立たなかった。それを読んで快川が打った布石が、この手紙ににじみ出ているのである。ただ、信玄が信長に対して軍事行動に出るのが五年遅かった。それが、斎藤家の滅亡につながった。

岸氏、堂洞城に玉砕

この二通の龍興書状には、延永弘就がいずれも使者として派遣されたことを記している。彼は龍興のブレーンとして、よほど重要な地位にあったらしい。

さらに、連署状の署名者の一人、伊賀守就であるが、彼は半兵衛に協力して短期間だったが龍興を稲葉山城から追い出した人物である。この事件後、半兵衛は近江に亡命したといわれるが、守就は領地、河渡（岐阜市）、北方（本巣郡北方町）地方を没収された形跡がない。守就は帰順したのでなかろうか。そのため、半兵衛の稲葉山城維持が不可能になり、城は再び龍興の手に戻ったといった解釈もできる。

祖父、道三が常に注目し、斎藤家の基盤づくりのため力を入れていた西濃地区の豪族たちは、龍興にとり、ほとんどあてにならなかった。成吉、氏家などのブレーンも龍興政権の後半になると、完全に信長の息がかかっていたらしい。その点、東濃方面には、斎藤家に殉じようといった筋金入りの豪族が点在しており、永禄八年秋には堂洞城（加茂郡富加町）や関城（関市）を中心に、激しい戦いが展開された。

堂洞城は岸勘解由左衛門が守り、信長軍や寝返った加治田城主の佐藤紀伊守（加茂郡富加町）が大軍で囲み攻め立てたため、岸軍は玉砕した。このことは江戸中期に書かれた『美濃明細記』『堂洞軍記』に詳しく記されている。しかし、この戦いと、『美濃国諸旧記』にある弘治二（一五五六）年九月の明智城（可児市）落城、さらに『船田乱記』に記す明応五（一四九六）年の城田城（岐阜市）の落城は、美濃の戦国史を彩る三大玉砕でなかろうか。とにかく堂洞城攻防戦は悲惨なものであったらしい。

関城主、長井道利は岸軍を救おうとあせったが、信長の大軍の前には手が出なかった。

道利は隼人佐（正）とも呼び、斎藤家の大黒柱だった。道三の弟とされている人物である。これは道三が油売り商人の出で単身、美濃へ来たといった考え方から出ている。道三が長井新左衛門の子で美濃で生まれた可能性が強いとあれば、道利は道三の弟であっても不自然ではない。道三は道利に長井の家名を継がせたのかもしれない。だからこそ、稲葉山城が落城しても龍興同様、彼は最後まで反信長の立場を持ち続けたのであるまいか。義龍の弟といった説もある。

稲葉山城落城、龍興逃れる

その後の斎藤龍興

斎藤龍興は永禄十（一五六七）年、信長によって稲葉山城が攻められ、美濃から逃れた。

その後、龍興はどんな運命をたどったのだろうか。

祖父道三により美濃の主の座を奪われた土岐家最後の当主、頼芸の場合もそうであるが龍興の足どりも稲葉山落城以降ははっきりしない。長井道利らを従え、江州の浅井氏のもとに落ちて行き、さらに朝倉氏に与した（『濃陽諸士伝記』）とか、近江から、さらに三好氏のもとに身をよせ、後に朝倉氏を頼った（『美濃国諸旧記』）といった内容になっている。『美濃明細記』など、記録も、ほとんど同じ内容である。

『信長公記』では「色々降参候て、飛騨川のつづきにて候間、舟にて川内長島（三重県桑名市）へ龍興退散」と記されている。この長島は本願寺の拠点で、強大な勢力を持っていた。後に信長がここを攻め、実弟の信興や叔父の信次、美濃三人衆の一人、氏家卜全らを戦死させている。龍興は、そのような真宗軍団の保護を求めたのである。

長井新左衛門に始まる後斎藤氏は、日蓮宗の信者だった。戦国時代の日蓮宗といえば、排他的な教団で、京都では一向宗と四つに組んで戦闘をしているほどである。しかし美濃での後斎藤氏は、一向宗と適当に手を握り摩擦を避けてきたらしい。道三が西圓寺（大垣市）など一向宗の寺々に出した手紙や義龍、龍興の位牌《いはい》が願教寺（羽島市）にあることなどでもうなずける。両寺はともに一向宗の寺である。

美濃にいられなくなった龍興が、まず長島の一向一揆を頼って落ちたのも当然でここから近畿方面へ出たらしい。

刀根坂合戦で戦死

『美濃国諸旧記』に、龍興が三好氏のもとに身を寄せたとあるのも、やはり納得できることである。三好・斎藤両氏は、かつて同盟関係にあったからである。その三好氏も家臣、松永久秀のため滅亡寸前にあった。三好勢の本圀寺襲撃のとき龍興や長井道利らも参加している。信長に対する精いっぱいの抵抗だった。

また、元亀元（一五七〇）年には野田福島（大阪市福島区）の砦に、三好三人衆とともに浪人の大将分として立てこもり、信長軍と戦っている。この時、信長勢の中に斎藤新五だとか稲葉良通ら、かつての部下が加わっている。新五の場合、叔父に当たる人物らしい。

この戦いが導火線になり、石山本願寺が反信長の旗色をはっきりさせ、石山攻防戦が始まる。

柳ケ瀬から刀根坂方面を望む（滋賀県長浜市）

その後、龍興はどこをどう歩いていたのかわからないが、天正元（一五七三）年八月に行われた信長の浅井、朝倉攻めの際、再び顔を出す。朝倉方として刀根坂（福井県敦賀市と滋賀県長浜市境）で織田軍と戦い、引檀（敦賀市疋田）に逃走、そこで戦死したらしい。『信長公記』は「追い討ちに首数三千余あり。注文（書き付け）、手前（味方）にて見知りの分」として二十七人の武者をあげ、その一人として「濃州龍興」と、さりげなく記している。

また『朝倉始末記』は「右兵衛大輔竜興、此仁は美濃之国主タリトイエドモ信長ニ国ヲ奪ハレ、義景ヲ頼リテ越前ニ御坐ケルガ、今度ノ陣ニ進発シ、討タレ給ウコソ無惨ナレ」

と結んでいる。三代にわたり美濃を制圧していた後斎藤の直系は、ここで滅亡した。

終章　信長そして光秀

信長、岐阜へ

町を自由市場化

岐阜市神田町通りが狭くなるやや南に、東西に流れる幅四メートルほどの溝がある。現在蓋《ふた》をして道路になっている。江戸時代の古図を見ると、この溝は現在の四屋町から長良川に落ちている。織田信長は稲葉山城をわが手に納め、井ノ口の町を岐阜と改め岐阜城の大改築を進めるとともに、町づくりを行った。その時、この溝が長良川と結んで、岐阜城の外堀としての使命を果たしていたのである。当時はもっと幅も広く、また深かった。「堀幅九間（約十八メートル）より五、六間（約十～十二メートル）まで」と記した記録（『岐阜志略』）のあることでもわかろう。

信長の妻の父、斎藤道三は大桑町と本町の二本の東西道路を基幹に、城下町づくりを手がけた。それから孫、龍興の稲葉山城退去まで三十年近くの間に、井ノ口の町は再三の兵火で焼けた。だから、さほど大きく発展していたとは考えられない。信長は道三の都市計画構想を受け継いだものであるが、町づくりには積極的であった。かつての本拠である清洲（愛知県清須市）から職人や商人たちを移転させ空穂屋町（靭屋町）、新町、岩倉町を設けた。また、お寺なども、どんどん誘致した。特に善光寺（伊奈波）、小熊地蔵（大門町）、西野町不動（不動町）などを引っぱってきて、門前町づくりも行った。

「岐阜の町は人口約一万。その出入りの騒がしきことバビロンの混雑にも似ている。各国の商人たちが塩、布、その他の商品を馬につけて集まり、家は雑踏のため何も聞こえず飲み食いする者、ばくちをする者、売り買いの声、荷造りや荷をとく光景が夜となく昼となく見られる」

これは永禄十二（一五六九）年信長に布教許可を得るために岐阜入りをしたキリスト教宣教師、ルイス・フロイスの手紙にあるにぎわう岐阜町のありさまである。信長岐阜入城二年ほどで、このにぎわいになったのである。永禄十一年の楽市楽座制札（岐阜市・円徳寺所蔵）などにみられるように、町全体を自由市場化したのが当たった。

全国平定を志す

井ノ口の町を岐阜と改称したのは、信長だった。彼は沢彦《たくげん》和尚に相談、古代中国の周の文王が「岐山に起こって天下を定めた」という故事にならい、岐阜と名付けたといわれている。

だが、岐山だとか岐陽、岐阜の名称は、道三時代以前から、禅僧たちの詩文などによく使われた。岐は岐蘇（木曽）川の岐であり、阜は岡、丘陵で、つまり瑞龍寺山など金華山山塊をさして岐阜と呼んでいたそうである。信長が井ノ口を岐阜と改めたのは事実かもしれないが、改称の理由にいたっては、後の世のこじつけらしい（信長の岐阜改称には崇福寺の栢堂《はくどう》和尚が関わったという横山住雄の説などもある）。

織田信長像（崇福寺所蔵）

岐阜城主となった信長は、単なる濃尾二国だけでなく、すでに視野を天下に向けていたことは事実である。それを裏付けるものとして、「天下布武」と刻んだ印章を使っていたことでもわかる。この印章を用いた一番古い史料は、名古屋市・豊清二公顕彰館（秀吉清正記念館）所蔵の永禄十年十一月の書状である。家臣の兼松又四郎に宛てたものだが、入城二カ月、すでにその志のあったことが、はっきりわかる。

信長は同七年と十年に朝廷領回復の勅命を受け、また同九年には、足利義昭から幕府復興の要請に接している。これらのことが、彼をして〝乃公《だいこう》出でずんば……〟という気持ちを、かり立てていったのではなかろうか。

信長は、岐阜城を根拠地にして再三、出京したり、また伊勢平定、浅井、朝倉征伐、延暦寺焼き討ち、石山本願寺攻撃などを行っている。永禄十二年正月、三好勢が義昭将軍のいた本圀寺を包囲したとき、大雪の中を二日で駆け付け、ピンチを救っている。早くても岐阜から三日行程のところを、猛スピードで飛ばしたわけである。

活躍の舞台が京都に移ると、岐阜は離れ過ぎる。そこで天正四（一五七六）年、彼は近江の安土山（近江八幡市）に築城、移転する。

信長の岐阜在城時代。それは九年ほどの短期間であったが、日本の歴史が大きく変わる重大な時代で、岐阜はその要《かなめ》の役を演じたのである。

明智光秀

京都・本能寺

本能寺、溝の深さは幾尺なるぞ我大事をなすは今夕にあり。

戦前の小学校では、頼山陽が作った「本能寺」の漢詩を教えたから、蘭丸や逆臣？　光秀のことなども案外よく知っていた。だから本能寺へ修学旅行にきても、燃え上がる本堂の縁先で弓を射る信長、その傍らで槍《やり》を使って防戦する蘭丸ら、絵本で見た本能寺襲撃の模様を思い浮かべながら、見学したものである。その点、今の子供たちの修学旅行は歴史をふり返る機会が少ない。社会の仕組みを勉強させることに、重点を置いているためである。

本堂裏に信長の墓や蘭丸ら家臣の墓がある。小学生たちのほとんどが、興味なさそうに通り過ぎるだけであった。

天正十（一五八二）年六月、信長は光秀の奇襲攻撃を受けて戦死するのであるが、当時の本能寺は現在地と違う。二条城近くの六角油小路、本能小学校（一九九三年廃校）あたりにあった。

反逆の原因は何か

織田軍団の近畿方面軍司令官として、光秀の果たした役割は大きい。「丹波国日向守働き、天下の面目をほどこし候。次に羽柴藤吉郎、数ケ国比類なし」（『信長公記』）と信長も光秀（日向守）をベタほめである。これは、天正八年、信長が老臣の一人、佐久間信盛父子を、見るべき働きがなかったという理由で追放処分にしたときの書状の一節である。この時の信長は秀吉（藤吉郎）以上に、光秀の功績を評価していたのである。

だから、光秀も主君の期待にこたえ、あらゆる努力をしたらしい。同九年六月二日、光秀が定めた軍法書（福知山市、御霊神社蔵）には、「石ころのように沈んでいた私を信長公は登用して下され、多くの軍兵を預けられた。無功のやからは国家のマイナスなので、軍法を定める」といった意味のことが記されている。主君のためなら、たとえ火の中、水の中といった気持ちが、この軍法書にあらわれている。それから、ちょうど一年後の六月二日、本能寺の変が起きるのである。

光秀の反逆理由は、いろいろと語られている。人質として敵方に送り込んだ母親を、信長が約束を守らなかったばかりに殺されたという八上城（兵庫県）事件。徳川家康の接待係になったが、信長が気に入らず急に出陣命令を出した。再三、信長から辱めを受けたなどの、遺恨説が中心になっている。

だが、学者は、これらを俗説として否定している。信用のおける記録にないからである。

斎藤道三や松永久秀の生き方に見

本能寺跡の碑（京都市）

られるように、戦国時代は下克上の世の中であった。強い者が正義という時代であった。信長もそうで、尾張守護代家の陪臣の家から身を起こしている。わが行く道に立ちふさがる者は、それが主家であろうと肉親であろうと、彼は容赦しなかった。

光秀にしても、戦国時代を生きた人物である。チャンスがあれば天下をわが手にといった気持ちになったとしても、不自然ではない。特に信盛父子追放前後からの信長は、ヒステリックな行動が目立った。秀吉と違い、すべてがウイットな光秀のこと「明日はわが身」といった感情を抱いていたかもしれない。

明智光秀像（本徳寺所蔵）

そんな時、信長・信忠父子がわずかな供回りで入京してきた。羽柴、柴田勝家、滝川一益ら織田軍団の各方面軍司令官たちは、西国、北陸、関東地方でそれぞれ戦闘中で、京の町はガラ空きである。〝好機到来〟の光秀は西国へ進めるはずの軍隊を、京に入れた。

否定された存在

光秀は、反逆者のレッテルを貼られた。さらに悪いことには江戸時代になると、幕府が体制維持のため下克上を否定した。それが光秀の零落に拍車をかけた。

戦前の教育も、やはり光秀的な人物を必要としなかった。いや、出ては困るのである。彼に人気がなかったのも、必然のことであった。昭和八（一九三三）年、岐阜県教育会で『濃飛偉人伝』を編さんした。充実した内容の立派な本であるが、ここでも光秀は否定された。同書には斎藤道三とか稲葉一鉄、氏家卜全といった〝海千山千〟の武将たちも登場しているのに、光秀だけが抹殺されている。信長があまりにも偉大だったため、彼は大損をしたといえよう。

光秀に対する再評価は、戦後、盛んに行われるようになった。初めて彼は、日の当たる場所に出たわけである。だが、歴史上の光秀像を考える場合、フィクションとノン・フィクションが入り乱れているため、判断に迷うことがしばしばである。道三の場合もそうであったが、光秀の場合はそれがよりひどい。

というのは『明智軍記』が光秀の一代記をびっくりするほど刻明に記しているためである。この書は江戸時代の中ごろのもので、やや不明確なところがあるが、光秀像を描く場合、この軍記を頼りにする。他に適当な記録がないためである。ちょうど道三伝を記すのに『美濃国諸旧記』を度外視できないのと同じで、そこに問題がある。

以上のような理由から、光秀の生涯は信長や秀吉ほど正確にわかっていない。両親も、生誕地も、さらに死んだ年さえもわからないという。反逆者の悲哀とでもいえよう。

浮上の時代、来る

光秀像のデッサンをするとなると、『明智軍記』や『美濃国諸旧記』に頼らなければならない。両書とも、明智城主、明智光綱の子で、斎藤義龍に攻められ落城したとき、美濃を去ったとする。この明智城は可児郡可児町（可児市）の長山城らしい。

また竹中半兵衛の子、重門が書いた『豊鑑』には、光秀は明知の出身で土岐の一門で貧乏したため下部《しもべ》さえなく越前などをさすらっていたと記す。光綱の子とは断言できないが、美濃の名門、明智氏の出であることはたしかである。妻がやはり土岐一門の妻木範煕の娘とされているが、これは細川家の記録にもあるから信用できる。妻木氏の娘をもらうくらいであるから、没落以前の光秀の家系は、相当なものであったことがわかる。

桔梗塚（京都市）

このような家柄に生まれ、美濃には知人も多かったはずの光秀だが、県下には光秀の書いた手紙類は一通も残っていない。道三のものは多く残っているのに不思議なことである。彼が反逆者の汚名を着せられたとき、所蔵者たちが意識的に処分をしたのだろうか。『岐阜県史　史料編』に、一通だけ紹介されている。常在寺（岐阜市）所蔵のもので、竹木伐採禁止などを指示した丹羽長秀との連署状（写本）である。だが、永禄七年九月十五日という日付と日向守光秀という署名が気になる。光秀が信長に接触を持ったは同十一年、足利義昭の美濃入りの時とされる。また日向守を名乗るのは天正三年からで、それに、常在寺付近は斎藤龍興の支配下にあった。だから光秀、長秀両人がこの連署状を出したとすれば、それは天正三年以降である。影写の際、日付を古くしたのが、勇み足となった。

とにかく岐阜県出身者として、歴史上これほど有名になった人物は、光秀をおいて他にない。また光秀ほど岐阜県人に嫌われた人物も少ない。「道三の国、光秀の国」という言葉は美濃人を批判するときによく使われる。

しかし、時代は変わった。各地で光秀を主役にしたイベントが開催されるようになっていったのである。

解説

土山公仁

連載を担当された道下先生はかつて私の勤務する岐阜市歴史博物館におられたこともあり、郷土史に詳しい大家として、なにか困ったことがあると、「道下さんにきけ」というのが当時の職場のルールであった。私はちょうど東京の出版社から原稿依頼が舞い込みだした時期でもあり、雑誌用の原稿の書き方まで赤ペンをいれて指導していただいたことも懐かしく思い出される。いわば、弟子すじにあたる私が、先生の遺された原稿の監修を安請け合いしたものの、一向に仕事が進まず、多くの方々にご迷惑をかけてしまったことを先生をはじめ多くの方々にまず謝りたい。

先生がこの本のもとになった連載記事を執筆されたのは、NHK大河ドラマ『国盗り物語』が放映された一九七三年、今から四十五年も前のことである。その後、もちろん研究は進んだものの、私を含めて数名の方が個人的な見解を述べているだけで、斎藤道三に関しての特効薬と呼べるべきものはなにひとつないというのが実情で、先生の原稿を読んだものの、どのように手をつけるか、途方にくれたままだったのである。

特に、斎藤道三が頼芸と組んで追放した守護土岐氏について、実名が頼武であることや本文にでてくる南泉寺の画像が頼武の子（寺伝では頼純）であることは分かってきたが、肝心の頼武がいつまで美濃の守護だったのか、いつ亡くなったのかということすら不明である。

道三と妙覚寺との関係も、本文中に出てくる「春日文書」によって、妙覚寺で修行したのが道三の父、長井新左衛門尉で道三は二代目として美濃で生まれたというのが、現在定説になっている、しかし、私は道三自身若いころ妙覚寺で修行していた可能性もあるのではないかと考えているし、道三と義龍の対立についても、発端は義龍の完全なクーデターで、道三の鷺山隠居も事実ではないと主張している。

特効薬がない以上、自説に都合のよいように書き換えるのも監修者の特権ではあろうが、いくら不出来な弟子とはいえ先生の温厚な人柄が伝わってくる原稿を汚してしまうことは躊躇せざるを得なかった。そこで、本文では実名がわかってきた人物については、一番最初に（）で表記することとし、年代など歴史的事実について最低限加筆するにとどめることにした。それでは、監修の役割を放棄し、読者に一時代前の歴史認識を押し付けるのかというご批判もあろうかと思う。けれど、決して、ここに書かれていることが古臭いものではないことを保証しておきたいと思う。例えば、本巣市や岐阜市の井水にまつわる道三の民政については、私もひそかに温めていた道三ネタのひとつだったし、永禄二年、義龍が長期間在京していたのではという先生の仮説も検討する価値は十分にあるものだった。龍興の評価についても外交を通して斎藤家の存続を必死に模索していた姿が描かれている。私が知る限り一番納得のできる龍興像であった。また、美濃地方に残る道三伝説の数々も初めて知るものも多かった。実際に足で取材した先生ならではの仕事で、現在取材しても聞き取りのできないものも多く含まれているのではないかと思う。

このように岐阜の郷土史としての斎藤道三に思いをはせるすばらしい材料を遺してくれた道下先生に改めてお礼を述べたい気持ちでいっぱいのまま、解説に替えたいと思う。

協力者・写真提供者（敬称略・順不同）

東京大学史料編纂所
岐阜市
可児市
安八町
垂井町
愛知県清須市
常在寺
美江寺
崇福寺
南泉寺
円長寺
安国寺
法雲寺
離宮八幡宮
妙覺寺
本徳寺
津島神社
土山公仁
松尾一

カバー
斎藤道三［利政］画像：東京大学史料編纂所所蔵模写

カバーデザイン
吉田恵美

掲載地図
陸地測量部２万分１地形図、岐阜（M24）、笠松町（M27）

本書は岐阜新聞に1973（昭和48）年1月7日から8月26日まで34回連載した「『国盗り物語』の舞台」を収録したものである。取材は岐阜新聞道下亨記者（当時）が担当した。

なお本文中、肩書はそのままとし、原則敬称を略し、地名は（　）内に現在の自治体名を加えた。また適宜、文章を加除した。ご了承願いたい。

監修者

土山公仁（つちやま・きみひと）

1956年生まれ
名古屋大学文学部史学科卒
岐阜市歴史博物館学芸員
著書は『金華山と岐阜の街』（共著）まつお出版、『織田信長―その求めた世界』（共著）岐阜新聞社、『図説関ケ原の合戦』（共著）岐阜新聞社、『石田三成 野望！関ヶ原』（共著）新人物往来社、『戦国時代人物事典』（共著）学研、『戦国武将の合戦図』（共著）新人物往来社、『戦国大名と政略結婚』（共著）新人物往来社、『岐阜県謎解き歴史散歩』（共著）新人物往来社など多数。

執筆者

道下　淳（みちした・じゅん）

1925～2012年（本名・亨）
岐阜新聞報道部長、論説委員、編集局次長を歴任。岐阜市歴史博物館、岐阜女子大学非常勤講師、岐阜県ユネスコ協会副会長、岐阜県芸術文化会議副会長などを務めた。岐阜県の文化・歴史に関する研究・執筆を中心に幅広く活躍。岐阜県芸術文化顕彰（1993）、岐阜市「岐阜ふるさと文化賞」（2001）。
著者は『ふるさと岐阜の20世紀』岐阜新聞社、『美濃飛騨　味への郷愁』岐阜文芸社、『郷土史シリーズ　悠久の旅』岐阜文芸社、『岐阜県百寺』郷土出版社、『岐阜市今昔写真集』（監修）樹林舎、『濃飛文学百話（上）（下）』岐阜新聞社など多数。

岐阜新聞アーカイブズシリーズ4

国盗り道三

発　行　日　2018年7月2日　初版
　　　　　　2019年4月19日 第2版
監　　　修　土山公仁
発　　　行　株式会社岐阜新聞社
編集・制作　岐阜新聞情報センター　出版室
〒500-8822
岐阜市今沢町12 岐阜新聞社別館4階
電話　058-264-1620（出版直通）
印　刷　所　岐阜新聞高速印刷株式会社

 ISBN978-4-87797-258-5